AF325792

LA FRANCE MODERNE

LA MARINE MODERNE

PAR

MARC DE MEULEN

LA
MARINE MODERNE

Fig. 1. — La Touraine.

LA
MARINE MODERNE

CONSTRUCTION DES NAVIRES. — PAQUEBOTS.

BATIMENTS DE GUERRE. — ARTILLERIE.

ORGANISATION DES PRINCIPALES MARINES MILITAIRES.

PAR

MARC DE MEULEN

INGÉNIEUR CIVIL

PARIS

LIBRAIRIE DE FIRMIN-DIDOT ET Cⁱᵉ
IMPRIMEURS DE L'INSTITUT, RUE JACOB, 56

1892

AVANT-PROPOS.

Les choses de la mer empruntent à la majesté de l'O-
céan un attrait particulier. Aussi, les personnes les plus
étrangères à la marine ne peuvent-elles se défendre d'un
intérêt souvent très vif pour tout ce qui concerne la navigation et peu de carrières sont-elles autant embrassées
par vocation que celle des officiers de vaisseau. C'est là
d'ailleurs une profession qui demande trop d'abnégation
et d'énergie pour que l'on puisse en accomplir stric-
tement tous les devoirs sans l'avoir choisie par goût.

C'est pour répondre à ce sentiment du public que nous
avons écrit les lignes qui vont suivre où l'homme du
métier n'aura rien à apprendre sans doute, mais où les
gens du monde désireux de s'instruire pourront peut-
être puiser un goût plus profond des choses de la mer,

et acquérir une connaissance générale de l'art naval et des moyens de défense que nous offre notre flotte.

Ce livre est divisé en trois parties principales, la première traite de généralités, telles que la construction et l'armement, à peu près communes à tous les genres de bâtiments; la seconde se rapporte uniquement à la Marine de guerre, aux moyens d'attaque et de défense; on y trouvera la description sommaire des principaux types de navires de guerre français et étrangers; dans la troisième, nous nous occuperons de la marine commerciale et des paquebots transatlantiques.

Nous nous sommes efforcé de rester aussi exact et précis que possible sans entrer dans aucun détail fastidieux pour des lecteurs peu familiarisés avec les termes savants et les expressions de métier, sans toutefois que nous ayons tenu à éliminer en entier ces dernières. Il nous semble, en effet, que le premier but d'un livre comme celui-ci est d'expliquer au lecteur certains termes qu'il peut être appelé à entendre un jour ou l'autre, et puis, comment décrire une chose sans l'appeler par son nom? Notre devoir s'est borné à n'employer les termes spéciaux que quand ceux-ci étaient rigoureusement nécessaires à l'intelligence du sujet.

Beaucoup de personnes instruites, des savants et des

ingénieurs eux-mêmes, se montrent peu favorables à la vulgarisation scientifique. Pour mettre les faits ou les découvertes de la science à la portée des gens du monde, objectent-ils, on est souvent obligé de les dénaturer ; pour leur donner une forme, sinon attrayante du moins lisible, on est contraint de les amoindrir au point d'instruire fort peu le lecteur et de ne lui communiquer qu'une faible dose d'admiration pour les phénomènes de la nature ou les plus belles inventions humaines. Nous ne sommes point de cet avis. Une partie de ces reproches ne doit s'adresser qu'à une vulgarisation mal comprise et terre-à-terre, laquelle, nous en avons la conviction, rend encore elle-même d'éminents services. La science a, en effet, un double but ; elle doit se proposer d'agrandir le cercle de nos connaissances, de scruter les lois de la nature, d'observer les phénomènes et de les expliquer, puis de chercher à les plier au service de l'homme, mais elle ne doit pas rester le privilège exclusif d'une caste d'un ordre intellectuel supérieur. Sans insister sur les mille bienfaits de l'instruction, il est du moins permis de rappeler l'action civilisatrice qu'ont les connaissances scientifiques sur l'homme qui les possède, combien elles assainissent son esprit, forment sa raison et son jugement, développent ses qualités d'observation, tout en débarrassant son cerveau des idées fausses et des préjugés. Un esprit supérieur est un esprit bien équilibré et nous pensons qu'un certain ordre de connaissances scientifiques est nécessaire à cet équilibre. Qu'est-ce que l'homme qui passe indifférent à côté des phénomènes dont il est le témoin, qui assiste sans intérêt aux découvertes scientifiques et au progrès journalier des connaissances humaines? Ce n'est pas là, le plus souvent, l'effet d'une intelligence insuffisante, mais d'un manque préalable d'instruction scientifique qui lui aurait ouvert les yeux à tout ce qu'il y a de grand et de beau, lui aurait appris à chercher une partie de ses distractions mêmes dans l'étude de la nature et des applications de la science, plutôt que dans la lecture de romans qui ne laisseront rien dans son cerveau.

Mais l'instruction la plus élémentaire de l'enfant n'est-elle pas uniquement une vulgarisation scientifique qui sert de base à l'édifice futur de son éducation. Sans cette vulgarisation si dénigrée, les savants seuls sauraient que le soleil ne tourne pas autour de la terre, molécule d'un univers perdu lui-même dans l'immensité, que la nature n'a pas horreur du vide, etc. Conçoit-on une société dont l'immense majorité des membres serait plongée dans une ignorance absolue des choses de la science, tandis qu'un certain nombre d'individus privilégiés, enfouis dans leur laboratoire comme les alchimistes du moyen-âge, possèderaient seuls une science pour ainsi dire sacrée, dont le public ne serait pas admis même à deviner les éléments. On nous pardonnera, pensons-nous, une digression qui nous a paru nécessaire pour expliquer dans quel esprit ce livre a été conçu, et nous servira peut-être d'excuse auprès des personnes qui le trouveraient trop sérieux.

Nous nous sommes attaché à ce que ce petit livre sans prétention scientifique soit au courant des derniers progrès malgré la forme élémentaire sous laquelle ils sont présentés. C'est faute de cette préoccupation que beaucoup d'auteurs, du plus grand talent d'ailleurs, n'ont offert au public que des livres, attrayants peut-être, mais qui présentaient le défaut, grave aujourd'hui où le progrès marche si vite, de ne pas offrir de faits précis et d'omettre les plus récents perfectionnements relatifs à l'art ou à la science qu'ils traitaient.

Nos gravures ont été exécutées partie d'après des photographies, partie d'après des dessins extraits des excellentes publications anglaises « *Engineer* » et « *Engineering* » qui nous ont fortement secondé dans notre tâche. Toutes les figures ont été choisies avec soin, de

manière à donner au lecteur une idée exacte de ce qu'est
la marine moderne. Nous avons pu, grâce à la libéra-
lité de notre éditeur, éviter les vieux clichés qui eussent
enlevé à l'ouvrage le cachet d'exactitude et d'actualité
qui en est peut-être le seul mérite.

LA

MARINE MODERNE

PREMIÈRE PARTIE

LA CONSTRUCTION NAVALE

CHAPITRE PREMIER

DE QUOI SE COMPOSE UN NAVIRE.

Un navire moderne est la chose du monde la plus
compliquée; si on l'envisageait d'une manière détaillée
et si l'on ne voulait rien omettre, on écrirait de gros vo-
lumes sur la construction seule de la coque; mais les
éléments principaux en sont simples et nous nous bornerons à ceux-là. On peut, en ses grandes lignes, résu-
mer la science navale dans quelques pages. Surtout
n'allez pas vous croire constructeurs quand vous aurez

lu les quelques paragraphes qui vont suivre; vous en saurez peut-être assez pour ne pas vous trouver désorienté lorsque vous visiterez un bâtiment, mais de là à posséder cet art compliqué et difficile, certes, il y a loin. Nous sommes peu encourageant, dites-vous, soit, mais tout en vous dévoilant les principes généraux de la construction navale, nous mettons un certain amour-propre d'ingénieur à vous laisser deviner que nous passerons sous silence une foule de détails savants dont la simple nomenclature vous découragerait bien plus encore que notre silence.

Les éléments qui constituent un navire à vapeur se divisent en trois catégories bien distinctes que nous examinerons successivement et, qui, je vous en préviens, lecteur, forment la partie la plus sérieuse sinon la plus ennuyeuse de cet ouvrage. Ces trois parties constitutives sont : la COQUE, L'ARMEMENT, L'APPAREIL MOTEUR.

La *coque* est la partie la plus importante, c'est le navire lui-même, c'est sa carcasse, sa charpente; l'*armement* se compose des ménagements intérieurs, de la mâture, des chaînes, ancres et mille objets nécessaires à la manœuvre; quant à l'*appareil moteur*, c'est la machine qui donne une vie à tout cela et permet au bâtiment d'affronter les éléments en défiant vent et marée. Ces trois choses, intimement liées l'une à l'autre, sont combinées pour se servir mutuellement.

Nous ne nous occuperons pas des navires en bois qui forment aujourd'hui une véritable exception tout au moins pour la navigation à vapeur. Si ce n'est dans quelques arsenaux et dans un certain nombre de ports d'où sortent les petits voiliers ou les bateaux de pêche, la construction en bois est un art qui se perd sans que, franchement, l'on puisse beaucoup le regretter. Le fer et l'acier fournissent aujourd'hui des matériaux plus résistants, plus légers et plus durables, qui permettent d'adopter des proportions autrefois considérées comme chimériques.

Le fer lui-même a lâché pied devant l'acier qui présente sur lui, mais à un moindre degré, bien entendu, les mêmes avantages que le métal a sur le bois. Ce mot d'« acier » demande explication. Il ne s'agit pas ici de ce métal dur ou flexible dont on compose les outils, limes, ciseaux, burins, etc.,

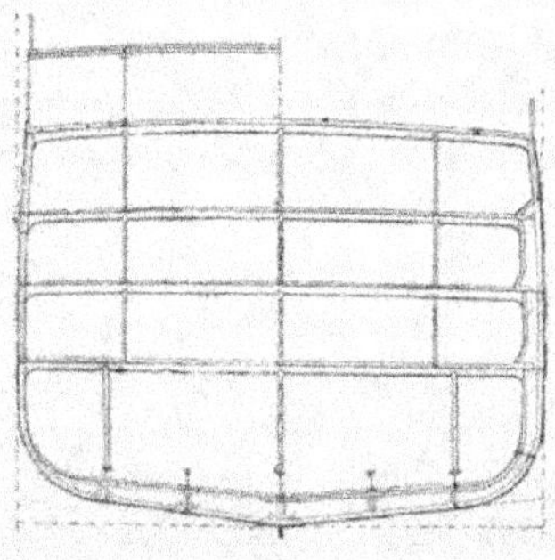

Fig. 2. — Coupe transversale
de la coque.

non plus que les ressorts ou les couteaux, mais d'un
métal homogène, moins carburé, plus doux, ne prenant
pas la trempe, soudable, peu coûteux, que l'on obtient
à l'aide des fours Siemens-Martin ou du convertisseur
Bessemer. Ce n'est pas véritablement de l'acier, mais du
fer fondu contenant encore une certaine dose de carbone
à l'état de combinaison. On le produit aujourd'hui à
meilleur compte que les fers fins, et comme sa résistance est plus grande, on l'emploie en épaisseurs moin-
dres ce qui en rend souvent l'usage économique. On admet généralement que la plus grande résistance de l'acier
permet, comparativement au fer, une réduction de 20
pour cent environ sur les échantillons.

Le métal, fer ou acier, est employé à bord des navires
sous forme de tôles ou de barres profilées : cornières,
fers en U, à T, etc. Ces matières sont fournies aux
chantiers de construction par des usines métallurgiques
où des échantillons, prélevés sur chaque fourniture, sont
essayés par des agents expérimentés. Ces essais sont de
plusieurs sortes, mais nous ne parlerons que des principaux, dits « essais à la traction ». Dans une tôle, faisant
partie de la fourniture, on découpe une barrette ayant environ trente centimètres de longueur et trente millimètres
de largeur que l'on soumet à un violent effort de trac-

tion opéré à l'aide d'une puissante machine, la barrette
étant serrée entre deux mâchoires que tend à écarter
un piston hydraulique. Sous l'influence de l'effort ainsi
créé, on voit la barrette s'allonger d'abord comme une
lame de caoutchouc, puis se rompre. On note d'abord
l'effort de traction sous lequel la rupture s'est produite,
et on le divise par la section de la barre exprimée en
millimètres carrés, puis l'allongement subi.

Un acier propre à la construction des coques et des
chaudières de bateaux doit présenter une résistance d'environ 45 kilogrammes par millimètre carré et un allongement d'au moins 25 pour cent. Les procédés métallurgiques se sont tellement perfectionnés depuis peu, que
les usines fabriquent à volonté des aciers répondant à
tous les desiderata de résistance ou d'allongement. La
composition du métal peut être modifiée de manière à
constituer des aciers extra-durs, très résistants, donnant
peu d'allongement ou des aciers extra-doux ne donnant
pas une résistance supérieure à celle du fer mais des
allongements qui peuvent dépasser 30 pour cent. Aussi,
ne doit-on pas s'étonner de voir les constructeurs ou les
arsenaux commander aux usines métallurgiques des matériaux donnant, à un trentième près, la résistance ou
l'allongement voulu. Cette admirable précision de la fa-

brication met ainsi entre les mains de l'ingénieur des
matériaux de qualité bien définie sur lesquels il peut
compter et qui lui permettent de calculer tous les éléments de sa construction. Grâce à elle, les préventions
qui ont existé au début contre l'emploi de l'acier ont disparu partout et ce métal est de plus en plus employé.
Dans la construction de la plupart des grands navires
modernes, le fer n'entre plus qu'exceptionnellement, à
l'état de petites pièces de forge pour l'armement de pont :
bordé, membrures, pièces de machine et chaudières
sont en acier. Mais revenons à notre sujet.

La coque d'un navire se compose essentiellement d'un
bordé étanche formé de tôles jointives rivées entre elles,
maintenues suivant des contours définis au moyen des
membrures, qui constituent la muraille extérieure du navire et assure sa flottabilité. Les formes de ce bordé, dont
la partie plongée s'appelle *carène*, sont tracées suivant
des lignes plus ou moins fines selon la vitesse que l'on
veut obtenir, et propres à diminuer la résistance que
l'eau exerce sur le navire pendant sa marche.

Les membrures qui soutiennent le bordé reposent directement sur la *quille*, qui forme en réalité l'épine dorsale
du bâtiment et se relève vers l'avant et l'arrière pour former l'*étrave* et l'*étambot*.

La cavité intérieure du navire est partagée en plusieurs
étages par les *ponts*, sortes de planchers étanches aux-

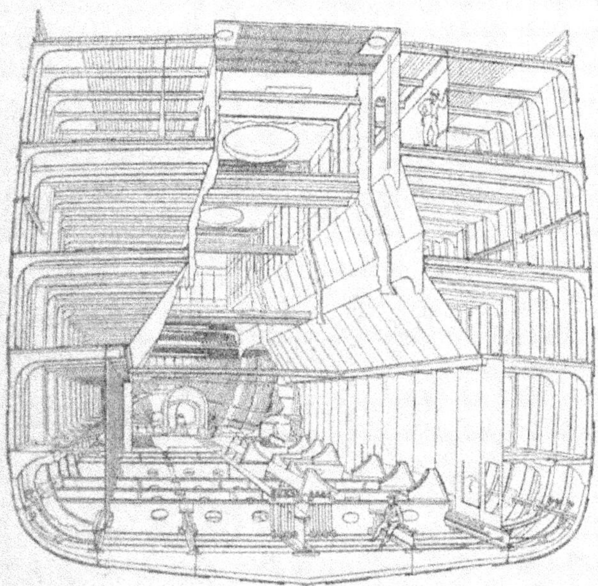

Fig. 2. — Vue intérieure de la coque supposée coupée par le travers de la chambre
des chaudières.

quels on accède par des écoutilles. Les ponts, en fer ou
en bois, sont soutenus par des rangées de *barrots* métalliques qui servent, en outre, à relier les membrures de
tribord à babord. Le *pont supérieur*, qui est générale-

ment aussi le *pont principal*, sert à défendre l'intérieur du navire de l'invasion des lames et contribue à en faire un flotteur étanche. A cet effet, les *panneaux* des écoutilles sont disposés de manière à pouvoir être fermés d'une manière hermétique.

Si nous ajoutons à cette courte nomenclature les *cloisons étanches*, qui partagent longitudinalement le navire en un certain nombre de compartiments bien distincts, ayant pour but de localiser une voie d'eau qui pourrait se déclarer en un point quelconque du bordé, nous aurons nommé les principaux éléments constitutifs du navire. Il conviendra pourtant d'y revenir un peu plus en détail.

Avant de passer à l'étude générale du navire, suivant l'ordre que nous avons indiqué plus haut, il nous paraît nécessaire de placer quelques indications relatives aux termes employés dans les bureaux de dessin ou sur les chantiers et d'exposer, en les simplifiant, quelques observations concernant la partie théorique du métier.

Comme tous les corps plongés dans l'eau, le navire obéit au principe d'Archimède, c'est-à-dire qu'il déplace un poids de liquide exactement égal au sien propre. Ce déplacement, qui se compose du poids de la coque et de ses accessoires, de la machine, du charbon et du chargement, est ordinairement évalué en tonnes de mille kilogrammes. On conçoit qu'il est d'autant plus grand, à égalité de longueur, de largeur et de profondeur, que le bâtiment est moins fin.

Les navires les plus fins sont les *yachts*, les *croiseurs*, les *torpilleurs*, enfin, et à un moindre degré, les *paquebots*; en un mot, tous les bâtiments à grande vitesse. Les bâtiments destinés à transporter les marchandises et que l'on désigne ordinairement sous le mot anglais de *cargoboats*, appelés à ne jamais dépasser une vitesse peu élevée et à transporter économiquement les marchandises lourdes, plus particulièrement le charbon et les minerais, sont beaucoup moins fins.

L'adoption du fer pour la construction navale a permis de donner aux bâtiments rapides une finesse ou tout au moins un rapport de la largeur à la longueur inconnu autrefois si ce n'est pour des bateaux tout à fait exceptionnels; cette finesse était d'ailleurs nécessitée par les grandes vitesses que les progrès des machines à vapeur ont permis de réaliser.

Il est enfin difficile de dire lequel est le plus marin, d'un navire très fin ou d'un navire assez gros, cela dépend plus des lignes et des proportions que du degré de finesse. Les premiers divisent mieux la mer et se soulèvent moins à la lame lorsqu'ils naviguent vent de-

Fig. 4. — Paquebot transatlantique.

bout, mais par contre ils sont plus souvent balayés par la mer et leur pont est couvert d'une eau écumante, dès qu'ils forcent de vitesse dans ces conditions. Le bâtiment gros et court, ne marchant jamais qu'à une vitesse modérée, se soulève bien à la lame, tangue davantage, et soulève, lorsque son avant retombe, des embruns qui, poussés par le vent, retombent en pluie épaisse sur le pont. La vitesse des bâtiments aux formes carrées subit, du fait de la grosse mer, une plus grande déperdition que les navires aux formes aiguës qui fendent la houle comme le soc d'une charrue le fait d'une terre meuble. Il va sans dire que le chargement a également une grande influence sur la bonne tenue d'un navire à la mer. Voyez un gros charbonnier surchargé, dont le liston vient presqu'effleurer la flottaison, il se trouve dans des conditions détestables de navigabilité et la mer déferle sur lui comme sur un rocher; espérons que ses ponts sont solides et ses panneaux d'écoutilles étanches, sans quoi, vienne un paquet de mer de quelques dizaines de tonnes qui brisera tout et les pompes seront impuissantes à éviter un sinistre. L'excès de chargement est une des causes les plus fréquentes de perte pour les navires marchands qui sombrent en pleine mer.

Un navire est *lège* quand il ne contient aucune marchandise ni approvisionnement de charbon, et l'on donne le nom d'*exposant de charge* à la différence des déplacements entre les tirants d'eau correspondant à cet état et au chargement maximum.

Quand un armateur commande un navire ou quand la marine militaire crée un nouveau type de bâtiment, c'est le déplacement qui est le premier élément considéré et qui sert de base pour arrêter les dimensions principales après l'adoption d'une finesse proportionnée au service que le bateau devra faire et de proportions convenables entre la longueur, la largeur et le creux ou le tirant d'eau.

La première opération que l'auteur d'un plan doit accomplir, consiste dans le tracé de la coque qui s'effectue au bureau de dessin à une échelle assez grande pour permettre une exactitude pratiquement absolue. Après quelques tâtonnements que ne peut éviter l'ingénieur le plus expérimenté, on arrive à tracer les lignes représentant la forme de la coque et comprenant un déplacement égal à celui que l'on se proposait d'obtenir, au tirant d'eau prévu. On exécute ensuite une épure donnant les sections transversales du navire déterminées par des plans parallèles perpendiculaires à l'axe du bâtiment et également espacés. On relève ensuite le contour de chacune des courbes ainsi obtenues, à l'aide de lignes horizontales parallèles dont on mesure la longueur comprise entre le bordé et le plan médian du bateau. On inscrit méthodiquement ces cotes sur un cahier que l'on envoie à la *salle aux gabarits*. On appelle ainsi une immense salle, ayant la longueur des plus grands navires que l'on peut avoir à construire et dont le plancher lisse et bien nivelé peut recevoir des tracés à la craie. C'est sur ce plancher que l'on vient, d'après les cotes données dans le cahier précité, tracer à nouveau les lignes d'eau du navire, en grandeur. On applique sur le sol de grandes lattes flexibles, tenues au moyen de clous, que l'on fait passer sur les points marqués d'après le relevé fait au bureau; on vient ensuite tracer, avec leur concours, les lignes du bâtiment que l'on rectifie légèrement si elles ne paraissent pas former des courbures bien continues et régulières. D'après ces lignes d'eau, on refait, toujours en grandeur d'exécution, un nouveau tracé des sections transversales du navire, d'après lequel on exécutera des gabarits en bois qui seront envoyés ultérieurement aux ateliers pour servir de repère lors de la fabrication des membrures.

La longueur d'un bateau se mesure généralement *entre perpendiculaires*, c'est-à-dire entre l'étrave et l'étambot; en somme, c'est la longueur à la flottaison; la longueur totale sur le pont est toujours plus grande,

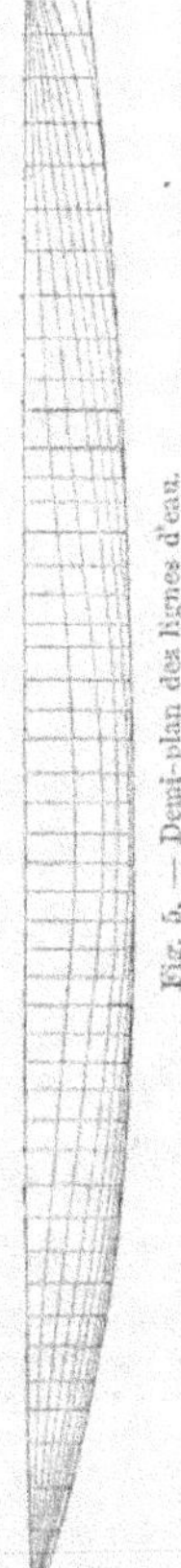

Fig. 5. — Demi-plan des lignes d'eau.

grâce à la *voûte* qui surplombe l'arrière et souvent à la *guibre* qui s'élance audacieusement à l'avant sous le bout-dehors.

La largeur se mesure presque toujours hors bordé, au milieu du bâtiment, dans la partie la plus large.

La troisième dimension, ou *creux*, est ordinairement comptée à l'intérieur, du dessus de la quille à la ligne droite des barrots du pont.

Nous n'apprendrons sans doute rien à personne en disant que le tirant d'eau est la quantité dont un navire enfonce dans l'eau, mais ce qui est peut-être moins connu, c'est que ce tirant d'eau n'est généralement pas le même à l'avant et à l'arrière; il est presque toujours plus grand en ce dernier point. L'expérience a démontré que cette différence de tirant d'eau rend le bâtiment plus marin, augmente sa défense à l'avant en élevant davantage le gaillard au-dessus de la flottaison et permet d'immerger plus complètement l'hélice quand le bâtiment est actionné par ce genre de propulseur.

La question de stabilité est une des plus importantes que l'ingénieur ait à envisager dans l'étude d'un bâtiment. Un navire est d'autant plus stable qu'il a moins de tendance à chavirer sous l'action soit de la mer soit de poids déplacés à bord. Cette stabilité peut être em-

pruntée à un lest placé au fond du navire ou à la forme
même de la carène; elle dépend aussi du degré d'en-
foncement et de la hauteur du centre de gravité du
chargement. Cette stabilité est variable pour un même
navire suivant son tirant d'eau et l'on doit, avant même
que le navire soit lancé, prévoir très exactement ce
qu'elle sera dans ces différents cas. Si le manque de stabilité est un des vices les plus graves que puisse présenter
un bâtiment, il ne faut pas en conclure que le meilleur
navire soit le plus stable, tant s'en faut; c'est surtout ici
que l'excès devient un défaut. Un navire qui possède
une stabilité exagérée ne présente certainement aucune
chance de chavirer, mais il perd de ses qualités nautiques. L'effort qui tend à le relever lorsqu'il s'est
momentanément incliné, augmente rapidement avec la
stabilité et cause des rappels de roulis d'une dureté
extraordinaire, gênante pour le personnel et fatigante
pour la charpente du navire et la mâture. Beaucoup de
nos lecteurs savent que les yachts de course à voile, afin
de pouvoir porter plus de toile, sont munis d'une lourde
quille en plomb. Cette dernière augmente la stabilité à un
tel point, que l'on a vu de semblables bateaux casser leur
mâture au mouillage, à sec de toile, par la seule force
d'un rappel de roulis.

Les anciens navires de guerre, aux œuvres mortes arrondies, destinés à porter une voilure majestueuse, et où l'on avait tout intérêt à assurer le tir en diminuant l'amplitude du roulis, possédaient une stabilité considérable, et l'on n'y était pas à l'aise par gros temps. Les grands paquebots modernes offrent, au contraire, une faible stabilité limitée à ce qu'exige la sécurité. Aussi, leur roulis est-il ample et doux et ces bâtiments se relèvent-ils sans secousses, épargnant aux cœurs sensibles des angoisses que ne leur eussent pas ménagé nos vieilles frégates à voile. Il ne faut pas l'oublier, c'est moins l'amplitude que la dureté du roulis qui occasionne le mal de mer; nous avons connu des personnes qui avaient fait de longues traversées sur des paquebots sans se trouver incommodées, mais qui, navigant pour la première fois sur certains navires à stabilité exagérée, soit par suite de leur construction même, soit par suite de leur chargement mal arrimé, devenaient victimes de l'horrible mal.

Ces quelques réflexions faites sur ce qui est un peu la philosophie du métier, dirigeons-nous vers le chantier où se trouvent en construction plusieurs bâtiments, à des degrés divers d'avancement. Nous pourrons y acquérir rapidement quelques notions sur les éléments qui constituent un navire et la manière dont ils sont agencés.

Ce chantier comprend un vaste espace de terrain entouré, sur deux de ses côtés, par des bâtiments com-

Fig. 6. — Navire, au moment du lancement.

prenant : les ateliers où l'on forme les tôles de bordé et les membrures, la salle aux gabarits et le magasin. En face du plus grand de ces bâtiments, sont disposées six cales de construction inclinées et dont le pied est baigné par la mer à marée haute. Un chemin de fer à voie étroite fait communiquer les différentes parties du chantier et permet le transport facile des plus lourdes pièces de machine, les membrures, les grosses tôles et les ferrures d'armement.

Sur une de ces cales, se trouve un navire *monté en membrure*, un futur paquebot, dont les flancs non encore recouverts de leur bordé nous livreront le secret de leur construction. Remarquons d'abord que la charpente entière du bâtiment repose sur des blocs composés de gros madriers superposés et étagés, formant des massifs placés à quelque distance l'un de l'autre, et qu'on appelle des *tins*. Ils reçoivent directement la quille, à moins que celle-ci ne soit composée d'une simple rangée de tôles; dans ce dernier cas, on interpose entre les tins et cette quille une *savate* en bois. Les membrures sont montées sur la quille à l'emplacement que leur forme désigne à chacune d'elles et à des intervalles égaux; elles sont maintenues par des *accores*, longues poutres en bois qui viennent s'appuyer sur le sol. Lorsque le montage des membrures est terminé, on rectifie leur position, on les met parfaitement d'équerre avec la quille, grâce surtout à des lisses en bois sur lesquelles leur position est repérée et qui leur sont fixées au moyen de boulons.

Les *membrures* sont constituées par des cornières en acier adossées et renversées; sur l'aile extérieure, on viendra, plus tard, river le bordé. A leur partie inférieure, ces membrures sont consolidées par des lames en tôle les réunissant deux à deux et que l'on appelle *varangues*. Ces varangues sont elles-mêmes reliées par des carlingues qui courent d'un bout à l'autre du bâtiment et sont de véritables poutres ayant pour effet de consolider les fonds. Dans le bâtiment que nous examinons, il y a une carlingue centrale, et deux paires de carlingues latérales, espacées d'environ deux mètres, transversalement.

C'est sur les carlingues que reposera le plancher de la cale, sauf dans les parties qui comporteront un *water ballast*, accessoire important que nous décrirons plus loin.

Remarquez ces ouvriers en train de poser les *cloisons étanches*. Ils disposent entre les deux branches d'une même membrure une série de tôles jointives que l'on viendra river plus tard. Le bâtiment en question comprend six cloisons étanches dont deux, vers le milieu, limitent les chambres de chauffe et de machine. Afin de faciliter la circulation dans les entreponts du bâtiment, un certain nombre d'entre ces cloisons est muni d'une porte à coulisse manœuvrable du pont supérieur et que l'on peut fermer lorsqu'une voie d'eau s'est déclarée dans un des compartiments. Ces portes sont disposées pour fermer d'une manière étanche.

Le navire que nous examinons est destiné à la marine marchande; si vous aviez sous les yeux un navire de guerre, vous verriez mettre en place, non plus seulement des cloisons transversales, mais aussi des cloisons étanches longitudinales disposées au-dessus de la quille et destinées à fractionner en deux parties égales les compartiments déterminés par les cloisons transversales; on double ainsi la sécurité en cas de voie d'eau. Il va sans dire que, dans ce cas, l'appareil moteur est double et que la propulsion est effectuée par deux hélices.

A l'avant, la quille se relève pour former l'*étrave*. Celle-ci, en fer forgé, forme le taille-mer et reçoit l'extrémité des tôles du bordé qui lui sont rivées. L'arrière se termine par l'*étambot*. C'est une pièce de forge très volumineuse qui, dans certains grands navires, pèse jusqu'à 25 tonnes et comporte deux branches parallèles recevant, l'une le gouvernail, l'autre le dernier palier qui supporte l'arbre d'hélice, et entre lesquelles tourne cette dernière. L'étambot achève le navire, à l'arrière, comme l'étrave le termine à l'avant.

Passons maintenant à la cale voisine où se trouve un bâtiment semblable, à un état plus grand d'avancement. Le bordé est en place et l'on est en train de le river. Remarquez que ce bordé se compose de files de tôles se recouvrant l'une l'autre d'une certaine quantité et assemblées entre elles au moyen de rivets que l'on pose à chaud. Ces tôles ont, dans le cas qui nous occupe, une épaisseur de 18 millimètres, dans les parties supérieures et inférieures, et de 14 millimètres au milieu; nous verrons plus loin la raison de cette différence.

Les tôles du bordé sont appliquées sur les membrures auxquelles elles sont également rivées.

Montons à bord, à l'aide des échelles qui permettent aux ouvriers l'accès des différentes parties du navire, et nous pourrons faire quelques observations qui nous échapperaient autrement. Ainsi nous constaterons l'existence de trois ponts à peu près également espacés dont les deux plus hauts sont bordés en fer. Ceci mérite explication. Un navire est autant une poutre qu'un flotteur; lorsqu'il est, par grosse mer, supporté, soit en son milieu par une seule lame, soit à ses deux extrémités par deux vagues, il doit offrir une solidité suffisante pour ne pas se déformer malgré les poids énormes qu'il renferme. A cet effet, il convient, comme pour un pont métallique de renforcer les parties les plus éloignées de la fibre moyenne ou neutre. C'est pourquoi on donne aux tôles qui constituent les parties inférieure et supérieure du bordé, une épaisseur plus grande qu'aux tôles de la partie moyenne qui travaillent moins et ne servent pour ainsi dire que comme parois étanches. De même, on renforce les hauts par des ponts bordés en fer ou tout au moins par un lattage métallique en diagonale. Ces ponts sont d'ailleurs presque toujours recouverts d'un bordé en bois qui augmente leur solidité et les rend moins glissants surtout s'ils sont mouillés.

Vous voyez ces ouvertures pratiquées dans le pont et entourées d'un hiloire ayant pour but d'empêcher l'eau qui peut, à un moment donné, recouvrir le pont, de pénétrer dans cette ouverture si on a omis de la fermer; ce sont les *panneaux d'écoutille* qui donnent accès dans les cales. C'est par eux que l'on entre et que l'on sort les marchandises. A la mer, ils sont recouverts par des panneaux en bois revêtus de prélarts étanches.

Le pont supérieur, sur lequel nous nous trouvons encore, n'est pas entièrement de niveau. Vers le milieu du du navire, il comporte un *château central*, s'étendant sur toute la largeur, et qui recevra le logement des officiers et la partie supérieure de la machine. A l'extrême avant, nous voyons une autre superstructure : le *gail-lard* ou *teugue*, qui recouvre les appareils de manœuvre des ancres et la descente au poste de l'équipage. Ce gaillard augmente la hauteur du navire à l'avant et le défend contre le choc des lames.

Si maintenant nous passons à l'arrière, nous remarquerons que l'on est en train de construire sur le pont une sorte de vaste cabine en tôle, robuste et bien attachée au navire. C'est ce qu'on appelle un *roof*. Celui-ci renfermera un fumoir et une descente pour les passagers de première classe dont les cabines se trouvent dans l'entre-pont, immédiatement au-dessous.

Ces dispositions différentes ne sont pas communes à tous les bâtiments, mais elles résument assez bien la pratique la plus courante pour les bâtiments de commerce à vapeur. Elles sont très notablement différentes de ce qui est en usage dans la marine militaire; quelques visites à bord de plusieurs navires achèveront de fixer nos idées à cet égard.

Rendons-nous maintenant pour quelques instants dans l'atelier voisin où l'on façonne les différents éléments dont la réunion constitue le navire. D'un côté, nous verrons travailler les cornières, membrures qui, après avoir été chauffées au rouge-blanc, sont cintrées suivant des *gabarits* provenant de la salle à tracer, sur un plancher en fonte percé de nombreux trous très rapprochés. Dans ces trous, les ouvriers enfilent des broches en fer suivant le contour que devra avoir la membrure et c'est en forçant les cornières contre ces tasseaux que l'on vient leur donner une forme définitive. Plus loin, nous verrons ajuster sur la membrure la cornière renversée qui est destinée à la renforcer et à recevoir l'attache du bordé. Une fois cet ajustage terminé, on rive les deux cornières entre elles et avec leur varangue. Les couples sont ainsi exécutés successivement et emmenés, à l'aide de wagonnets, à la cale sur laquelle on les monte dans l'ordre relatif qu'ils doivent occuper.

Une vaste partie de l'atelier est occupée par la préparation des tôles destinées à constituer les virures du bordé. Ces tôles, commandées toujours un peu plus longues et plus larges que cela n'est nécessaire, sont d'abord confiées aux traceurs qui marquent le contour suivant lequel elles devront être découpées. Ces tôles sont ensuite passées sous une cisailleuse mue par la transmission de l'atelier qui les coupe suivant le profil tracé. L'opération suivante consiste à repérer et marquer sur les tôles l'emplacement des trous que doivent occuper les rivets qui les relieront aux membrures. Ces trous sont débouchés par

une poinçonneuse, machine-outil ressemblant beaucoup à
la cisailleuse dont elle ne diffère guère que par le *poinçon* qui remplace la lame tranchante. Le poinçon est une
tige d'acier très dur ayant sensiblement le diamètre du

Fig. 7. — Transatlantique en armement.

trou à percer et qui est forcé dans la tôle par le mécanisme
d'ailleurs très simple de l'appareil. Les tôles coupées et
percées vont rejoindre en temps utile les membrures sur
lesquelles on les applique d'abord en les fixant provisoi-
rement à l'aide de petits boulons de montage. Quand une
bonne partie du bordé est ainsi présentée et que l'on a

reconnu l'exactitude de son traçage, on commence à river les tôles entre elles et avec la cornière formant membrure. On sait que les rivets sont des sortes de clous bien calibrés que l'on vient, après les avoir portés au rouge vif, passer dans les trous des tôles à réunir. Pendant qu'un ouvrier appuie fortement sur la tête à l'aide d'un instrument appelé *tas*, un autre vient frapper énergiquement sur l'extrémité opposée du rivet qu'il aplatit en forme de tête plus ou moins saillante. Les deux parties à réunir sont d'autant plus énergiquement maintenues entre les deux têtes du rivet que celui-ci, en se refroidissant, se contracte et opère un serrage violent.

Il ne reste plus qu'à rendre les différents joints étanches, ce qui se fait à l'aide d'une double opération appelée *chanfreinage* et *matage*. Cette opération consiste à tailler légèrement, au burin, le bord saillant de la tôle en biseau et à refouler le métal de manière à le faire pénétrer dans le joint des deux tôles pour boucher les plus petites fissures qu'ils pourraient présenter. Cette opération se fait à la main, au fur et à mesure de l'avancement du travail. Les ouvriers qui se livrent à cette opération se tiennent sur des échafaudages dressés autour du navire et qui ont auparavant servi aux riveurs.

Dans la plupart des chantiers, le rivetage se fait encore

à la main, cependant on commence à employer les ri-
veuses hydrauliques portatives pour certains gros rivets
dont les deux têtes sont facilement accessibles de l'extérieur, particulièrement pour les rivets de quille. Ces appareils, très puissants, sont portés par une grue roulante.
Ils consistent essentiellement en un piston qui porte la
bouterolle ayant en creux la forme que doit avoir la tête
du rivet et qui vient serrer ce dernier sous l'influence
d'une pression hydraulique considérable. Celle-ci est
fournie par des pompes à vapeur qui envoient l'eau sous
pression à la riveuse par des tuyaux métalliques très
flexibles. Surtout lorsqu'il s'agit de gros rivets, le travail ainsi effectué est supérieur à celui du rivetage à la
main, grâce à l'énormité de l'effort déployé.

D'autres ouvriers viennent mettre en place les carlingues et le varangage de machine en même temps que le
bordé. Les carlingues (voir fig. 3), qui relient entre elles
les différentes membrures, à l'intérieur de la coque, sont
constituées par des fers profilés ou des tôles et cornières.
Le tout est rivé sur les cornières renversées des couples.
Quant aux varangues et carlingues de machine, leur ensemble constitue un robuste plancher qui sert d'assise à
l'appareil moteur. Il est composé de tôles et cornières très
solidement rivées entre elles.

On vient ensuite mettre en place les ponts en fer ou en bois, les hiloires ou entourages des panneaux, les roofs. Les opérations relatives à la coque proprement dite sont alors achevées dans leur ensemble. Il ne reste plus qu'à mettre le navire à l'eau, opération qui précède généralement l'installation de la machine ou de l'armement.

Cette mise à l'eau est une opération à la fois très compliquée et très délicate, très difficile et remplie d'imprévu. Souvent, les caprices de l'atmosphère ou de la marée font échouer un lancement combiné avec soin et pour lequel tout paraissait avoir été prévu. Il faut alors recommencer à grands frais, ce qui occasionne, outre la perte sèche, des retards malencontreux et peut entraîner des avaries graves.

On procède aux préparatifs du lancement, lorsque la coque est complètement terminée en ce qui concerne les œuvres vives, que le bordé est chanfreiné et maté, que la carène est enduite et peinte. Ces préparatifs durent quelques jours pendant lesquels l'ingénieur chargé des opérations ne dort jamais d'un sommeil parfaitement calme.

Nous rappellerons ici que les cales sur lesquelles sont construits les navires présentent une inclinaison de quelques centimètres par mètre du côté de la mer et qu'elles

sont généralement disposées à angle droit par rapport à
la rive.

Nous avons vu que la quille reposait sur des tins formés
de madriers superposés. La première opération consiste
à remplacer le plan rugueux et inégal sur lequel repose
le bâtiment par une surface parfaitement lisse et bien
graissée afin qu'il puisse prendre son élan vers la mer
emporté par son propre poids. On comprend de suite le
but de l'inclinaison donnée aux cales.

Les madriers supérieurs des tins sont successivement
remplacés par des coulisses en bois dur bien suiffées, par
portions de quelques mètres et en commençant par l'arrière. Ces coulisses, convenablement lubrifiées, sont serrées contre la savate en chêne, ajoutée auparavant sous la
quille, à l'aide de coins en bois. On comprend facilement
que le navire glisserait de lui-même à l'eau avant le
moment voulu si l'on ne prenait certaines précautions
pour le retenir. A cet effet, on dispose : à l'arrière une
forte clé en bois dur contre laquelle vient appuyer la
quille, à l'avant, des ligatures en filin ou des madriers
boulonnés sur la savate de quille et sur des pieux enfoncés
en terre. Ces différents moyens de retenue sont employés
soit isolément, soit concurremment quand le navire est
de grandes dimensions. On les supprime au moment du

lancement et le navire s'élance dans les flots au milieu d'un immense bouillonnement.

Le lancement sur quille, tel que nous venons de l'indiquer, est complété par l'adjonction aux flancs du bâtiment et de chaque côté, d'une ligne de madriers boulonnés au bordé et situés à quelques centimètres au-dessus d'une file de longrines suiffées, parallèles aux coulisses, et qui ont pour but d'empêcher le navire de se renverser pendant le lancement.

On lance aussi beaucoup de bâtiments sur *ber*. On appelle ainsi une sorte d'échafaudage mobile monté sur deux ou trois coulisses parallèles et qui reçoit le poids du navire par l'intermédiaire de ventrières qui viennent supporter la coque sur les deux côtés.

Le choix du mode d'opération dépend de circonstances spéciales telles que la forme et le poids du navire, l'inclinaison des cales ou la nature du terrain, elles sont laissées à l'appréciation de l'ingénieur.

Il arrive souvent que le bâtiment, débarrassé des entraves qui l'empêchaient de prendre sa course vers la mer, reste immobile, soit que le froid ait durci le suif des coulisses, soit, au contraire, que la chaleur l'ait fait fondre, soit qu'un objet étranger se soit glissé sous les surfaces frottantes de la fausse quille et des coulisses.

On essaye alors de pousser le bâtiment avec de forts
crics mus par pression hydraulique ou par des leviers
et des palans; il est rare que ces moyens ne suffisent pas ;
si toutefois ils sont impuissants, il faut démonter toutes
les coulisses et recommencer l'opération. Quelquefois,
le navire, une fois lancé, s'arrête après avoir parcouru
quelques mètres et tous les moyens employés pour le
décider à achever sa carrière restent impuissants. C'est
là une des plus cruelles déceptions qui puissent frapper
l'ingénieur et celui-ci doit s'estimer fort heureux quand
le bâtiment ne s'est pas arrêté dans une position qui
compromette sa solidité. Ce n'est que par des opérations
longues et coûteuses que l'on peut remettre les choses
en état.

Nous venons de voir un navire en cours de construction sur sa cale; en voici un autre, un paquebot également, lancé depuis quelques mois, amarré le long du
quai, et dont on est en train de terminer l'armement. Passons à bord au moyen du pont en bois qui le relie au
chantier et de l'échelle qui nous permettra de grimper
jusqu'à son pont supérieur dont l'élévation au-dessus de
l'eau est considérable, la machine n'étant encore que partiellement embarquée et les cales vides. Cette visite va
fixer nos idées en bien des points; plus tard, nous complète-

rons nos connaissances par l'observation d'autres navires. Le bateau que nous allons visiter appartenant à la marine marchande, nous devrons attendre une autre occasion avant d'étudier l'armement offensif et défensif des bâtiments de guerre.

Ce paquebot, dont nous pouvons lire le nom « Paris » sur son tableau d'arrière, est gréé en quatre mâts goélette, c'est-à-dire que son mât de misaine et son grand mât portent seuls des vergues et voiles carrées ; les deux mâts d'arrière ne gréent que des voiles auriques. Ces mâts sont à *pible*, c'est-à-dire sans hunes et d'un seul jet, de l'emplanture à la pomme. Leur partie basse est en fer creux, tandis que le haut est en bois. Comme nous le verrons plus loin quand nous parlerons des gréements, vous remarquerez que les mâts sont maintenus latéralement par des haubans fixés sur le bastingage et, dans le sens longitudinal, par des étais amarrés à des pitons sur le pont et ridés énergiquement. Vous verrez les gréeurs en train de mettre en place le gréement et de raidir les manœuvres dormantes. Cette mâture, si importante qu'elle soit, n'est pour un tel navire qu'un auxiliaire bien impuissant. Par forte brise, la voilure, entièrement déployée, lui permettrait tout au plus, en cas d'avarie à la machine, de filer deux ou trois nœuds, à peine de quoi gouverner. Le seul but de ce gréement est de soulager un peu la machine quand on marche vent arrière ou de l'appuyer à la lame en diminuant son roulis quand la brise vient par le travers.

Aussi parle-t-on maintenant de supprimer la mâture dans les paquebots à deux hélices. Ceux-ci n'ont plus besoin, en effet, de compter sur une voilure auxiliaire pour conserver une vitesse suffisante à l'action du gouvernail au cas où la machine ne serait plus, par suite d'accident, en état de fonctionner, puisque, dans de tels bâtiments, machines et propulseurs sont en double. C'est du reste une pratique courante aujourd'hui dans la marine militaire où les gréements si nobles d'autrefois sont partout remplacés, pour les cuirassés, par de disgracieux mâteraux surchargés de hunes blindées et qui ne servent plus qu'à faire des signaux ou à porter des canons-revolvers et à tir rapide.

Si du ciel vers lequel ils se sont portés pour admirer cette haute mâture, vos regards s'abaissent à vos pieds, vous remarquerez que le pont en fer, tel que vous l'avez vu tout à l'heure sur les navires en construction dans le chantier, s'est métamorphosé en un beau plancher en bois composé de *virures* très étroites, disposées longitudinalement, et dont on est en train de calfater les joints. Ce pont en bois, composé de madriers jointifs en *pitch-pine* tenus sur le pont en fer au moyen de boulons dont la tête est cachée par un tampon en bois, a pour but de faciliter la marche qui serait souvent difficile sur des tôles parfaitement lisses, particulièrement lorsqu'elles seraient mouillées par la pluie ou les embruns. Cette précaution, dont on se dispense souvent pour les *cargoboats*, est indispensable à bord d'un paquebot dont le pont sert de promenade à des passagers qui n'ont que rarement le pied marin. En outre, le bois donne plus de résistance au pont en le doublant et permet, par un *calfatage* soigné, d'augmenter son étanchéité. Le calfatage consiste à enfoncer, dans les interstices qui séparent deux virures, des tampons d'étoupes, à l'aide de marteaux frappant sur un outil spécial effilé pouvant pénétrer entre les deux madriers. On vient couler, par dessus le tout, du brai liquide, à chaud, qui achève de rendre les joints imperméables.

Si vous examinez le pont de plus près, vous serez étonné de la quantité de pitons et d'anneaux (ou *organeaux* en langue maritime) qui lui sont fixés; vous en découvrirez au pied des mâts, en abord, contre les pavois ou bastingages, sur la lisse d'appui. Ces pitons servent à attacher les différentes manœuvres courantes ou dormantes du bord, *étais*, *galhaubans*, *drisses*, *amarres*.

A l'avant et à l'arrière, regardez ces sortes de bornes en fonte placées en abord, ce sont des *billes* de remorque ou d'amarrage, solidement boulonnées au pont et sur lesquelles on vient tourner les amarres qui servent à recevoir la remorque d'un autre navire ou qui fixent le navire dans les ports.

Ce sujet nous amène directement à vous parler des ancres et des engins qui servent à les manœuvrer.

Tout le monde sait que pour immobiliser un navire dans une rade, on jette l'ancre, et que cette opération s'appelle *mouiller*. L'ancre est une pièce de forge très résistante dont le poids peut s'élever jusqu'à 5 tonnes, et qui se compose de deux bras, disposés dans un même plan, et terminés par deux becs, ceux-ci viennent se crocher aux as-

Fig. 8. — Ancre.

pérités du fond lorsqu'on laisse tomber l'ancre à la mer. L'ancre est reliée au navire par une forte chaîne qu'on laisse dérouler par l'*écubier* au moment du mouillage. La quantité de chaîne qui passe au dehors et reçoit le nom de *touée*, est variable suivant la profondeur du fond sur lequel on se trouve. La touée doit être environ de deux à trois fois plus longue que la profondeur de la mer à l'endroit du mouillage, afin que le navire tire obliquement sur son ancre et lui permette de se prendre aux aspérités du fond.

Suivez-nous jusqu'à l'extrème avant du navire où nous verrons, réunis sous le gaillard, à peu près tous les organes qui servent au mouillage et à la levée de l'ancre : les *stoppeurs*, appareils en fonte, qui font l'office de freins pour retenir la chaîne et recevoir la traction du bâtiment sur son ancre lorsque toute la chaîne n'est pas dehors, les *écubiers*, orifices circulaires allongés qui traversent le bordé au-dessus de la flottaison, de chaque côté de l'étrave, et laissent passer la chaîne d'ancre afin que celle-ci exerce une traction plus directe, le *guindeau*, véritable treuil à vapeur qui permet de relever l'ancre en exerçant sur elle une vigoureuse traction qui la fait rentrer à bord. Autrefois, au lieu du guideau à main ou à vapeur, on se servait du *cabestan*, lequel est en somme un treuil à action directe et axe vertical sur lequel on agit à l'aide de barres enchassées à sa partie supérieure, à hauteur d'homme.

Autrefois, il fallait plus de cent hommes, virant au cabestan, pour remonter l'ancre d'un grand vaisseau en plus d'une demi-heure; cette opération se fait aujourd'hui en quelques minutes au moyen de la vapeur bien que les ancres et chaînes soient beaucoup plus lourdes.

Le guindeau ou le cabestan ne permettent pas de rentrer l'ancre à bord mais seulement de l'amener à la hauteur de l'écubier. Pour la mettre à poste, il faut le concours de ces sortes de grues que vous verrez en montant sur le gaillard et qui sont situées de part et d'autre du navire, deux à tribord et deux à babord. Ce sont les *bossoirs de traversière* et de *capon*; ces appareils portent de forts palans à l'aide desquels on vient remonter l'ancre jusqu'à la hauteur du pont supérieur, on la couche ensuite horizontalement à son poste après être venu la saisir au moyen d'un fort crochet qui termine les palans. L'ancre est assujétie à son poste, sur une sorte de plan incliné, et saisie par deux petites chaînes qui viennent se fixer à un appareil nommé *mouilleur*, retenu par quelques bouts de filin. En coupant ces derniers, ce qui avec une hache peut se faire presqu'instantanément, les chaînes sont larguées et l'ancre, glissant le long de son plan incliné, retombe par son propre poids à la mer en entraînant sa chaîne jusqu'à ce que l'on trouve opportun de l'arrêter avec le stoppeur : telle est l'opération du *mouillage*.

Nous aurions tellement de choses à voir sur le pont, que, si nous voulions entrer dans le détail des choses, nous y passerions des journées entières. Bien que telle ne soit pas notre intention, il nous reste encore des choses très importantes à examiner avant de descendre dans l'entrepont.

Voyez-vous, vers le milieu du navire, au-dessus du roof où logeront les officiers, la passerelle de quart à laquelle on accède par deux échelles placées en abord. C'est le siège du gouvernement. Là se trouvent concentrés tous les engins qui aident le commandant à reconnaître sa route et à transmettre ses ordres aux différentes parties du navire; ce sont les *compas*, les *porte-voix* et les *télégraphes de machine*. Immédiatement au-dessous se trouve la commande à vapeur du gouvernail.

Les *compas* (le mot de boussole n'est jamais employé à la mer), se composent d'une boussole renfermée dans une boîte en laiton ou en bois, appelée *habitacle*, qui la protège et lui sert de support tout en lui permettant de n'être pas affectée par le roulis ou le tangage.

Le *télégraphe* qui permet à l'officier de quart de transmettre ses ordres au chef-mécanicien n'a, disons-le de suite, rien d'électrique. C'est un simple transmetteur mécanique qui fait communiquer, à l'aide de petites chaînes en laiton, un cadran à manipulateur placé sur la passerelle avec un cadran similaire placé dans la

chambre des machines, et disposé de telle façon qu'à tout
mouvement imprimé au premier corresponde un mouvement similaire du second ; l'aiguille de celui-ci répète

Fig. 9. — La passerelle.

fidèlement les indications du manipulateur. Les ordres,
ainsi transmis, peuvent être suffisamment variés pour les
besoins du service. Quand l'appareil de manœuvre du
gouvernail est distant de la passerelle, un télégraphe sem-

blable, dont les inscriptions seules diffèrent du précédent, relie la chambre qui le contient avec la passerelle. Le plus souvent, toutefois, l'appareil de commande à vapeur du gouvernail est placé sous la passerelle de telle sorte que le commandant puisse communiquer directement avec l'homme de barre et que celui-ci puisse voir à quelque distance devant lui afin de gouverner un peu par lui-même et sans qu'il soit nécessaire de lui donner des indications continuelles.

Ces appareils à gouverner à vapeur sont de bien ingénieuses machines qui suivent la main du timonier avec une obéissance parfaite. Ils se composent essentiellement d'une sorte de treuil à vapeur sur lequel vient s'enrouler la *drosse* ou chaîne qui s'articule de chaque bord sur un secteur en fer forgé, remplaçant la barre usuelle, fixée à la *mèche* ou axe du gouvernail. Cette chaîne court le long du navire, sur le pont supérieur, contre le bastingage et repose sur de petits galets qui facilitent son mouvement. On conçoit alors qu'en faisant tourner le treuil dans un sens ou dans l'autre on communique un certain mouvement de rotation à la mèche du gouvernail. On pourra donc, quels que soient les dimensions du navire ou l'état de la mer, puisque l'on dispose d'un moteur mécanique puissant, faire jouer le gouvernail avec rapidité et dans toute la mesure voulue, en ne dépensant qu'un effort manuel très minime; un enfant suffit à la manœuvre du gouvernail de nos plus grands navires. Il a fallu pour cela inventer un mécanisme qui donne à l'homme de barre un contrôle parfait et constant de la machine motrice du gouvernail, appareil trop compliqué pour être décrit ici, et qui, d'ailleurs, est exécuté sous différentes formes aussi ingénieuses les unes que les autres. Grâce à lui, l'appareil à gouverner répète tous les mouvements de la main du pilote, qui l'actionne généralement à l'aide d'une roue en bois (semblable à celle que l'on retrouve à bord de tous les navires où le gouvernail est mû à bras d'hommes, mais plus petite), marche tantôt dans un sens, tantôt dans l'autre, s'arrête, se met en mouvement, se ralentit, s'accélère, suivant les mouvements imprimés à la roue de commande.

Toutefois, comme le gouvernail est un des principaux éléments qui assurent la sécurité d'un navire, on ne saurait se fier entièrement à un appareil mécanique qui peut ne plus fonctionner à la suite d'une avarie même sans gravité. Aussi, tous les navires qui ont un gouvernail à vapeur comportent-ils en outre une manœuvre à la main, effectuée, comme à bord des bâtiments à voile, au moyen d'une ou de plusieurs roues calées sur l'arbre d'un treuil qui commande la barre par l'intermédiaire de chaînes robustes ou d'une vis et de bielles.

Nous parlions plus haut des compas; il nous paraît opportun de revenir ici sur ce sujet intimement lié à la direction des navires. Avec des bâtiments entièrement en fer et actionnés par des machines qui représentent une quantité considérable de métal, les indications des compas sont ordinairement faussées, dans une proportion notable, par le voisinage de cette masse métallique. On a, pendant quelque temps, essayé d'y remédier en plaçant les compas sur des mâts qui les isolaient et pouvaient donner plus de valeur à leurs indications. On y a renoncé par la suite et l'on se contente aujourd'hui des compas ordinaires, que l'on fait régler souvent, ou de compas *Thomson*, compensés au moyen de barreaux aimantés. Les navigateurs sont amenés, par ces nécessités, à naviguer un peu comme cela se pratiquait avant l'invention de la boussole, c'est-à-dire à faire des relevés aussi fréquents que possible et à observer les astres. Les indications précises, ainsi recueillies, viennent contrôler celles, plus incertaines, que donnent les compas.

Maintenant que nous avons examiné les principaux objets d'armement que l'on peut trouver sur le pont, des-

cendons dans le premier entrepont où nous pourrons
jeter un coup d'œil aux emménagements.

L'escalier de descente est situé un peu en arrière du
milieu, dans un *roof* où l'on peut pénétrer par deux por-

Fig. 19. — Le vestibule.

tes situées l'une à bâbord, l'autre à tribord. Remarquez
en passant que le seuil de la porte est muni d'une tôle
recouverte de bois, en saillie de quelques centimètres,
appelée *hiloire*, et qui est destinée à empêcher l'eau de
pénétrer à l'intérieur des chambres quand les lames em-
barquent à bord ou qu'il pleut avec violence.

Ce roof est une sorte de vestibule somptueux où l'on aimera à se tenir par beau temps. Aussi, est-on en train de le munir de sièges et d'achever l'installation de ces mille petits riens qui pourront en rendre le séjour plus confortable.

Plus que toute autre dans le navire, cette chambre conserve le cachet marin en raison de sa situation sur le pont qui l'expose à la violence des coups de mer. Aussi, les fenêtres sont-elles remplacées par des *hublots*, et les portes, en fer, sont-elles particulièrement robustes. Les hublots sont ces petites fenêtres rondes, composées d'un verre épais enchassé dans un cercle en bronze tournant autour d'une charnière de même métal rivée à la coque, qui servent à fermer toutes les baies d'un navire, et particulièrement les plus sujettes aux assauts de la mer. Comme elles sont serrées sur un cercle en caoutchouc, elles restent parfaitement étanches lorsqu'elles sont fermées au moyen de leur écrou.

La tôle qui forme la charpente du roof est garnie intérieurement d'une boiserie qui reste apparente, les tentures étant forcément proscrites d'une chambre soumise à l'action de l'humidité comme celle dont nous parlons. Ces menuiseries sont généralement fort bien exécutées, en pitch-pine, en chêne, en teak avec panneaux en acajou ou en érable, le tout décoré de moulures rehaussées de filets d'or. Autant que possible, ces bois ne sont pas peints, ils restent à leur état naturel et sont simplement vernis, ce qui leur donne ce cachet marin qui plaît tant à ceux qui le connaissent et l'apprécient.

Dans ce roof, débouche un escalier qui nous conduira aux aménagements des passagers de première classe. Cet escalier, à rampe massive, en acajou vernis, est large et spacieux; il est en bois de teak afin de mieux résister à l'action de l'humidité, mais, plus tard, quand le navire sera armé, il sera garni d'un moëlleux tapis.

Au pied de cet escalier, nous trouverons deux corridors qui nous conduiront à un égal nombre de couloirs s'étendant sur une notable partie de la longueur du navire, de part et d'autre de son axe, symétriquement, lesquels donnent accès dans les différentes cabines. Le « Paris » possède de ces cabines de première classe absolument semblables comme aménagement intérieur; toutefois, les chambres situées en abord présentent une disposition différente de celles qui occupent le milieu de navire. Elles sont surtout mieux éclairées, par des hublots découpés dans le bordé, tandis que les cabines du centre ne prennent jour que sur le pont au moyen de verres dépolis ou de claire-voies adossées au roof qui les surmonte. L'ameublement se compose uniformément de deux couchettes

Fig. 11. — Le grand escalier.

superposées, ayant environ soixante-dix centimètres de largeur, d'un lavabo, d'un canapé et de deux filets à bagages assez semblables à ceux que vous pouvez voir dans les voitures de chemin de fer.

Les cloisons, peintes en blanc, qui séparent les différentes cabines sont en bois de sapin; la partie qui se trouve constituée par le bordé en tôle est recouverte d'un lambrissage en bois de même nature.

Vers le milieu du navire, vous trouverez quatre cabines plus spacieuses et mieux installées, cabines de luxe réservées aux riches passagers qui consentent à payer un fort supplément. Chacune de ces cabines ne contient qu'une couchette, disposée à peu près comme les lits de nos habitations et plus larges que celles des cabines ordinaires. Ces lits sont munis de rideaux et le reste de l'ameublement est du plus grand luxe.

A la mer, les passagers ne se tiennent guère dans les cabines en dehors des heures de sommeil; quand le temps le permet, ils se promènent sur le pont; s'il fait mauvais, ils se réfugient dans le salon de conversation, dans le fumoir, ou dans le grand salon qui sert aussi de salle à manger. Ce grand salon est l'orgueil de tous les paquebots. Dans celui que nous visitons, il est situé en avant des cabines et occupe toute la largeur de l'entrepont.

Cinq rangées de tables en acajou, coupées par les écoutilles décorées qui soutiennent le pont supérieur, en forment l'ameublement principal. Autour de ces tables, sont disposés des fauteuils tournants en acajou, recouverts de velours rouge frappé, assez nombreux pour permettre à tous les passagers de première classe de trouver place en même temps. Les parois de ce salon sont lambrissées en bois rares, moulurés et dorés, ainsi que le plafond, percé d'une large claire voie prenant jour sur le pont. Au-dessus des tables, des racks en acajou verni permettront, entre les heures de repas, de suspendre les verres et les carafes et de les soustraire à l'action du roulis. De chaque côté de la porte d'entrée, vers l'arrière, sont installés des buffets somptueux qui plus tard seront remplis de vaisselle aux armes de la Compagnie. En face, on a placé une belle cheminée en marbre rose. Des glaces, des panneaux, peints par de véritables artistes, et des boiseries sculptées achèvent de donner à ce salon à deux fins un aspect confortable et luxueux, bien qu'il conserve un peu de ce cachet banal particulier à tous les lieux destinés au public voyageant. Quand, plus tard, vous pénétrerez à l'intérieur d'un navire de guerre français, vous pourrez voir combien nos officiers sont moins confortablement logés que les passagers des grands et même des petits paquebots.

Si, de l'arrière du navire que nous venons de visiter, nous passons à l'avant, dans les aménagements destinés aux passagers de seconde classe, nous retrouverons les

mêmes cabines et le même salon, mais plus petits, plus
simples, et décorés avec beaucoup moins de luxe. Ils représentent pourtant les derniers raffinements de la
civilisation si on les compare avec l'installation réservée

Fig. 12. — Le salon de conversation.

aux émigrants dans les seconds entreponts avant et arrière. Là, les couchettes, mobiles afin de pouvoir, en cas
de besoin, céder la place aux marchandises, ne sont que
des cadres en bois, pas même garnis d'un matelas ou
d'une couverture, superposés sur trois étages et accolés,
les uns aux autres sur trois et quatre rangs. Il faut passer

sur les corps de quatre ou cinq malheureux pour gagner
sa place. Inutile de dire qu'ici on ne se déshabille pas et
que la nuit, quand tout le monde est couché, c'est un
amoncellement de hardes et de guenilles qui ferait peine
à voir si la clarté douteuse de quelques falots permettait
de le bien distinguer

Le *poste de l'équipage*, situé à l'extrême avant, nous
offrirait à peu près le même spectacle; il est toutefois un
peu mieux installé et surtout, à la mer, entretenu avec
plus de propreté.

Dans ces différents entreponts, quand le mauvais temps
et la grosse mer ne permettent pas d'ouvrir les hublots,
les clairevoies ou les panneaux d'écoutille, on étouffe-
rait, aussi bien dans les cabines de première classe que
dans l'entrepont des émigrants, si l'on ne prenait soin de
créer une ventilation artificielle. C'est dans ce but que
l'on a disposé les *manches à vent* que vous pouvez distinguer sur le pont. Ces manches sont des tuyaux en tôle
qui s'élèvent à quelque hauteur au-dessus du pont et se
terminent par une embouchure, arrondie en forme de
pavillon, que l'on peut orienter du côté du vent régnant;
elles envoient à l'intérieur des aménagements l'air
respirable indipensable à la vie. Dans certains bateaux,
ces dispositions sont complétées par des conduits dissi-

mulés contre les cloisons et où l'air vicié est aspiré par de puissants ventilateurs actionnés par des machines à vapeur.

Comme de juste, à chaque classe de passagers est

Fig. 13. — La salle à manger.

affectée une descente spéciale et, seuls, les voyageurs de première classe ont le droit de circuler partout sur le pont.

Dans le navire que nous visitons, on a spécialement affecté à ce but de promenade le dessus du grand roof arrière par lequel nous sommes descendus d'abord. Sur l'espèce de pont ainsi formé, on a disposé des bancs en bois, et le garde-corps est muni de ferrures servant de supports à des montants en fer forgé destinés, lorsqu'il fait beau, à recevoir une tente en toile abritant du soleil.

Vous trouverez les logements des officiers dans le grand roof central placé au-dessus des machines. Le commandant, le second et le chef-mécanicien occupent des cabines au moins aussi bien installées que celles des voyageurs de première classe, mais ne contenant qu'une couchette. Les cabines des autres officiers sont plus simples, leur ameublement comprend une couchette, une commode et un lavabo, tandis que les deux officiers supérieurs ont en plus un canapé et un bureau.

A l'exception du commandant qui préside la table des passagers de première classe, les officiers prennent, soit ensemble, soit à tour de rôle suivant les nécessités du service, leurs repas dans une salle spéciale, appelée *carré*, située à proximité de leurs chambres, et qui contient une grande table en acajou verni, des banquettes recouvertes en molesquine ou en velours et un buffet. Le *carré* sert aussi de fumoir et de salle de réunion.

Avant de descendre d'un étage, n'oublions pas de visiter les cuisines de première et de seconde classe, ainsi que celles des émigrants, la boulangerie, où, tous les jours, à la mer, on fait du pain frais, l'office, la lingerie et les salles de bain.

Si nous descendons au-dessous de l'entrepont destiné aux émigrants, nous ne trouverons plus que les cales à marchandises, revêtues intérieurement d'un garnissage en bois blanc de fort équarrissage destiné à protéger les murailles du navire du choc des gros colis.

On accède à ces cales par des *écoutilles*, percées successivement, l'une au-dessus de l'autre, dans les différents ponts.

Le chargement ou le déchargement des marchandises est effectué à l'aide de *cornes de charge* articulées sur les mâts, ou de grues, desservies par des treuils à vapeur, placés sur le pont supérieur, qui peuvent aussi servir à haler des amarres ou à actionner des pompes de cale.

Quand nous aurons jeté un coup d'œil sur la chambre des cartes ou *de veille* qui sert d'abri à l'officier de quart et situé sur la passerelle, sur la chambre des chaudières auxiliaires placée à peu près au-dessous, sur les bureaux du docteur et du commissaire, sur les salles de lavage des chauffeurs, la glacière et la lampisterie, il ne nous restera plus qu'à visiter la machine pour avoir une idée d'ensemble des mille éléments qui constituent un paquebot moderne.

CHAPITRE II

L'historique de la machine à vapeur, particulièrement en ce qui concerne les appareils de navigation, a été si souvent fait, que nous préférons entrer de suite dans le vif du sujet et utiliser toute la place dont nous disposons pour fournir le lecteur de faits précis plus utiles qu'un défilé chronologique de noms d'inventeurs tous plus ou moins discutés. N'oublions pas que les véritables inventeurs des machines marines ou des propulseurs ne portent pas les mêmes noms dans les différents pays. Chaque contrée s'est attribuée le monopole d'inventions qui ne sont en réalité que l'œuvre collective d'un grand nombre d'ingénieurs ou de savants.

La machine marine ne diffère des moteurs à vapeur employés à terre, que par des détails de construction ou des modifications dans les proportions générales.

La propulsion d'un navire peut être effectuée par deux moyens principaux : à l'aide de la *roue à aubes* ou de *l'hélice.* Dans le premier cas, on dispose, vers le milieu

Fig. 11. — L'avant d'un navire de guerre.

du navire, un arbre transversal placé à peu près à la hauteur du pont supérieur et sur lequel est fixée, de chaque côté du bâtiment, une roue à aubes, assez semblable à celles que vous pouvez voir dans les moulins à eau. Une machine à vapeur fait tourner ces roues qui plongent en partie dans l'eau et agissent sur le navire en rejetant l'eau dans le sens opposé à la marche. Dans le second cas, l'arbre du moteur est placé en-dessous de la flottaison et dans le sens de la longueur; cet arbre sort du navire à l'arrière, à travers un presse-étoupes étanche. La partie qui est plongée dans la mer reçoit une hélice, en fonte, en fer, en acier, ou en bronze. Ce propulseur est en réalité une portion d'hélice géométrique, découpée dans le métal, et qui avance en tournant dans l'eau comme une vis dans le bois : elle entraîne naturellement avec elle le navire dont elle est solidaire.

Ces deux propulseurs ne communiquent pas au bâtiment une vitesse aussi grande que leur nombre de tours pourrait le faire croire, parce que l'eau, corps éminemment mobile, fuit derrière eux et ne leur fournit pas un point d'appui absolument rigide : c'est ce phénomène qu'on appelle le *recul*. Ce recul est plus grand pour les roues que pour l'hélice. Avec cette dernière, il ne dépasse pas, en effet, de 5 à 12 pour cent, tandis qu'avec les aubes on ne doit pas compter sur moins de 20 pour cent.

D'ailleurs, sous presque tous les rapports, la comparaison

Fig. 15. — Arrière d'un navire de guerre à deux hélices.

entre les deux systèmes de propulseurs n'est pas favorable
aux roues à aubes, comme on pourrait du reste le prévoir

d'après le nombre décroissant des navires à vapeur qui
en sont pourvus. Le principal inconvénient des roues est
d'offrir prise au vent et aux lames, tandis que l'hélice,
entièrement submergée, ne cause aucune saillie sur les
flancs du bâtiment. Toutefois, cette dernière est sujette
à sortir de l'eau et à s'affoler quand le navire tangue
beaucoup. Avec l'hélice, on peut placer la machine en un
point quelconque du navire, tandis que l'appareil moteur
d'un steamer à aubes occupe nécessairement le milieu
du bâtiment, c'est-à-dire la partie la plus large, la plus
profonde et qui pourrait le mieux être employée au logement des passagers ou à l'arrimage des marchandises.
En outre, et c'est là pour l'ingénieur la raison dominante,
l'appareil à aubes, tournant quatre ou cinq fois moins
vite que la machine à hélice, est d'autant plus lourde et
plus encombrante. C'est à ces différents inconvénients que
les roues doivent de n'être plus guère employées aujour-
d'hui que pour les bâtiments à grande vitesse et à faible
tirant d'eau, cas où l'hélice ne saurait convenir, et tels
par exemple que les remorqueurs et les paquebots qui
font le service entre la France et l'Angleterre.

Le propulseur à aubes a totalement disparu de la marine militaire parce qu'il est trop exposé aux coups de
l'ennemi.

Quel que soit le système de propulseur, l'arbre qui le porte est actionné par une machine à vapeur à haute ou moyenne pression, à condensation et action directe, dont le nombre de tours par minute varie, suivant les types, de vingt-cinq à quarante pour les navires à aubes, et de soixante-dix à quatre cents pour les machines à hélice; il est juste de dire que cette dernière vitesse n'est atteinte que par les appareils des navires légers à grande vitesse comme ceux des torpilleurs; dans la plupart des navires à vapeur, les machines à hélice ne font pas plus de cent tours par minute.

Une machine à vapeur se compose de deux éléments bien distincts : la *chaudière* où se produit la vapeur, *l'appareil moteur* qui utilise cette vapeur et transforme en force la chaleur qu'elle contient. Examinons tour à tour ces deux éléments.

Une chaudière est un vase clos, bien étanche, en tôle, capable de résister à une pression assez considérable pouvant s'élever parfois jusqu'à 15 atmosphères et dans laquelle on vaporise de l'eau à l'aide d'un foyer qui, dans le cas des générateurs employés à la mer, est toujours intérieur à la chaudière. Décrivons en quelques mots la chaudière du type le plus employé à bord des navires, et qui est dite : *tubulaire à retour de flamme.*

Une telle chaudière se compose d'une enveloppe en tôle d'acier, cylindrique, pouvant avoir jusqu'à 4^m,50 de diamètre et présentant alors une épaisseur de 30 à 32 millimètres. Cette enveloppe est composée de tôles aussi grandes que l'industrie métallurgique peut les livrer; ces tôles, d'abord cintrées, sont assemblées, rivées et matées. Les fonds se composent de tôles planes embouties sur leurs bords qui sont rivées à l'enveloppe et entretoisées entre elles.

Ces chaudières comprennent ordinairement deux ou trois *foyers* cylindriques en fer, également cylindriques, rivés à un des fonds qu'ils traversent. Les foyers se terminent de l'autre bout par une *boîte à feu* en tôle, entretoisée avec le fond opposé, qui s'élève verticalement jusqu'à une hauteur double environ du diamètre des foyers. Sur la plaque tubulaire qui constitue la paroi de la tôle de côté des foyers, débouchent des tubes en fer ou laiton, de quatre-vingts millimètres environ de diamètre, aboutissant sur le fond opposé du générateur. Autour de la zone occupée par ces tubes sur le fond de la chaudière, on dispose une boîte en tôle étanche, mais munie de portes permettant le nettoyage des tubes, qui s'appelle la *boîte à fumée* et aboutit à la base de la cheminée. Les tubes sont énergiquement serrés sur leurs plaques, puis rivés.

Voici ce qui se passe. Quand le combustible, placé sur les grilles qui partagent horizontalement les foyers en deux parties, est entré en ignition, les gaz de la combustion et les flammes appelées par le tirage, se rendent dans la boîte à feu, reviennent en arrière et traversent le faisceau tubulaire avant de se rendre dans la cheminée qui les expulse au dehors. Pendant ce parcours, ces gaz

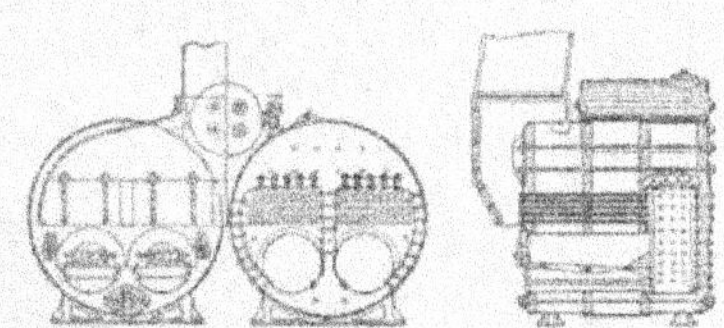

Fig. 16 et 17. — Chaudières marines à retour de flamme.
Élévation et coupe (16.) — Coupe longitudinale (17).

cèdent la plus grande partie de leur chaleur à l'eau qui entoure les capacités qu'ils viennent lécher, et, élevant peu à peu sa température, la transforme en vapeur. Celle-ci ne pouvant s'échapper, la pression monte à l'intérieur du générateur; quand elle a atteint le degré voulu (de 5 à 12 atmosphères suivant les types), on peut mettre en communication la chaudière avec la machine par l'intermédiaire d'un tuyau spécial et mettre en route. La vapeur se précipite alors dans les cylindres de l'appareil moteur, mais il faut naturellement que la

surface de chauffe des chaudières et que la quantité de
charbon brûlée soit suffisantes pour assurer cet écoule-
ment sans que la pression baisse.

Pour éviter les accidents terribles qu'entraîne une explosion, on soumet les chaudières, au moyen de pompes
à main, avant de les mettre en service, à une pression
hydraulique notablement supérieure à celle qu'elles au-
ront à supporter en pratique. En outre, les chaudières
sont munies d'appareils de sûreté destinés à limiter leur
pression au timbre pour lequel elles sont construites et
à indiquer aux chauffeurs le niveau que l'eau occupe
à l'intérieur. On sait, en effet, que le manque d'eau dans
une chaudière peut entraîner de véritables explosions.
Les premiers de ces appareils sont les *soupapes de sûreté*
qui, chargées par des ressorts ou des poids, laissent
échapper la vapeur quand la pression de celle-ci dépasse
le chiffre réglementaire, les seconds sont les *tubes de
niveau* en cristal et les *robinets de jauge*.

Les pressions de régime auxquelles fonctionnent les
chaudières marines sont variables suivant les services
auxquels le navire doit satisfaire et ont subi depuis peu
d'années une marche ascendante très rapide. Ces pressions qui ne dépassaient guère deux atmosphères effec-
tives, il y a trente ans, atteignent aujourd'hui cinq atmos-

phères au moins et la plupart des navires de construction
récente ont des chaudières timbrées à dix et douze atmosphères.

De la chaudière, la vapeur se rend dans la machine mo-

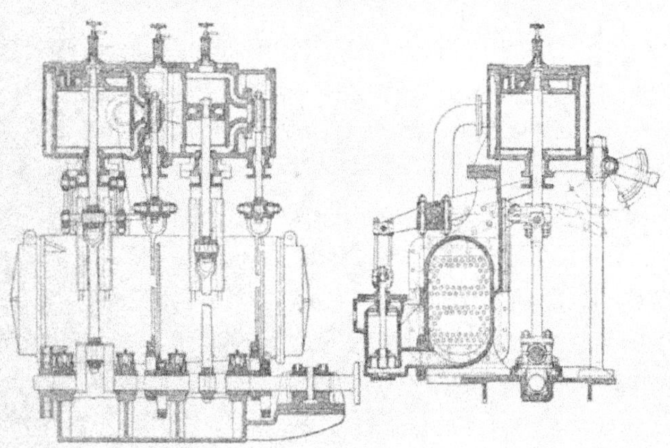

Fig. 18 et 19. — Machine marine Compound.
Coupe longitudinale (18). — Coupe transversale (19).

trice comme nous venons de le voir. Celle-ci se compose
essentiellement d'un cylindre, parfaitement alésé intérieurement, dans lequel peut se mouvoir un piston relié à
une tige qui traverse un des fonds du cylindre par un
presse-étoupes étanche et dont l'extrémité opposée est articulée sur une bielle, reliée elle-même à une manivelle
calée sur l'arbre du propulseur, et dont le rayon est

égal à la moitié de la course du piston. La vapeur peut agir alternativement sur chacune des faces du piston en passant par des conduits commandés par un *tiroir*, qui débouchent d'une part dans le cylindre et de l'autre sur une table ou *glace* bien dressée, venue de fonte avec le cylindre. Ce tiroir, mu par des excentriques et dont la course est beaucoup moindre que celle du piston moteur, se trouve animé d'un mouvement parfaitement défini, en corrélation avec celui du piston. Son but est de distribuer alternativement la vapeur sur les deux faces du piston au moyen des conduits précités et de la faire échapper au dehors aussitôt qu'elle a fini son action. Le tiroir est placé dans une boîte qui reçoit directement la vapeur venant des chaudières; il est actionné par une tige semblable à celle du piston, mais moins robuste, glissant également à travers un presse-étoupes.

Quand la vapeur sous pression agit sur un côté du piston, elle le pousse avec une énergie qui dépend de la pression qu'elle possède et de la surface de ce piston. Si, par exemple, la surface du piston est d'un mètre carré et que la pression de la vapeur soit de cinq kilogrammes par centimètre carré, l'effort excercé par le piston sur sa tige sera de cinquante mille kilogrammes. Cet immense effort s'exerçant sur la manivelle par l'intermédiaire de la bielle, déterminera la rotation de l'arbre du propulseur.

Quand la manivelle et le piston arriveront à bout de course, il faut que le sens dans lequel s'exerce la pression de la vapeur soit renversé. C'est alors qu'intervient le tiroir qui laisse échapper, du côté que nous venons de considérer, la vapeur qui a agi, et introduit de la vapeur fraîche sur l'autre face du piston; les mêmes phases se suivent deux par deux, alternativement pour chaque tour de la manivelle.

Comme on peut le voir d'après la figure 18, le tiroir à coquille, le plus fréquemment employé, est une sorte de boîte fermée partout sauf sur la face qui s'applique contre la glace et admet alternativement la vapeur sur chacun des côtés du piston par des lumières percées dans cette glace, correspondant aux conduits du cylindre et que découvrent alternativement les arêtes extérieures du tiroir. La cavité intérieure du tiroir est en communication constante avec le condenseur et permet l'échappement de la vapeur qui a agi, dès que le piston arrive à bout de course.

En réalité, la vapeur n'est pas admise pendant tout le temps de la course du piston, son admission cesse en un point variable de la course, ordinairement au tiers ou à moitié. La consommation de vapeur est ainsi réduite d'autant sans que la puissance soit diminuée dans la même proportion, car la vapeur continue à agir avec une pression décroissante par l'effet de sa *détente*. En général, la consommation de vapeur et de charbon d'une machine est d'autant moindre que la détente y est plus prolongée.

La détente est obtenue au moyen du tiroir dont les bords ou *barrettes* sont élargis de manière à offrir un certain *recouvrement* qui vient fermer les orifices avant que le piston ne soit parvenu à la fin de sa course.

Il ne faut pas que nous omettions de parler de *l'avance*. Afin d'arrêter progressivement le piston, pour éviter les chocs à bout de course, le tiroir est disposé de manière à permettre l'échappement sur la face travaillante du piston et l'admission de la vapeur sur l'autre face, avant que le piston n'arrive à bout de course, dans la position que l'on appelle le *point mort*. Cet effet est obtenu en calant les excentriques qui commandent le tiroir à un angle de 120° environ par rapport à la manivelle motrice. Si donc on considère les différentes phases d'une distribution de vapeur, on observera les phénomènes suivants : 1° sur la face travaillante du piston : *admission*, puis *détente*, puis *avance à l'échap-

pement; 2° (sur l'autre face, en partant du même point) : *échappement, compression, avance à la vapeur*. La compression consiste en ce que, grâce à l'avance, l'échappement est fermé avant que le piston n'arrive au point mort et même que l'avance à l'admission ne se produise. Il en résulte que la vapeur, restée dans le cylindre pendant l'échappement, est refoulée par le piston, ce qui augmente les efforts retardateurs dont on a besoin à la fin de la course pour atténuer l'effet de l'inertie.

Le même tiroir sert pour la marche avant et arrière. Pour passer de l'une à l'autre, il suffit de le commander par un autre excentrique calé en sens inverse du précédent. Les barres de ces deux excentriques sont réunies à leur extrémité par une *coulisse*, dite de *Stephenson*, qui est articulée à un coulisseau de la tige du tiroir. Cette coulisse peut être présentée en face du coulisseau par un quelconque de ces points. Une des extrémités commande la marche avant, l'autre la marche arrière; le milieu, participant à la fois des deux marches, n'est pas propre à entretenir le mouvement du tiroir, on l'appelle aussi le *point mort*.

La coulisse possède aussi cette propriété que, plus elle commande le tiroir par un point voisin de son centre, plus la période de détente est prolongée, moins la machine fait de puissance, mais plus son fonctionnement est économique.

La position transversale de la coulisse qui détermine celui de ses points par lequel le tiroir doit se trouver commandé, est controlée par une manœuvre à vis, à la main du mécanicien, et qui constitue le *changement de marche*.

Toutes les machines marines sont constituées d'au moins deux cylindres accolés, actionnant autant de manivelles calées entre elles à un certain angle de façon que les points morts ne concordent pas. Tous les organes du mouvement sont en double ou en triple suivant le nombre des cylindres. La multiplicité de ces derniers assure un mouvement de rotation plus régulier et le démarrage dans toutes les positions des manivelles.

On a profité de la présence de deux ou de plusieurs cylindres pour adopter un mode de détente qui s'est trouvé très avantageux dans le pratique et dont nous allons dire un mot.

Les machines *Compound* (voir fig. 18 et 19) dont nous voulons parler, sont directement issues de la machine *Wolf*, dont le principe, bien connu, se trouve décrit dans beaucoup de traités de physique.

Un premier cylindre reçoit la vapeur de la chaudière;

au lieu de l'évacuer au condenseur, où elle entraînerait
en pure perte beaucoup de chaleur, on l'envoie dans
un nouveau cylindre plus grand. Là, se produit la détente finale qui développe un nouveau travail égal ou

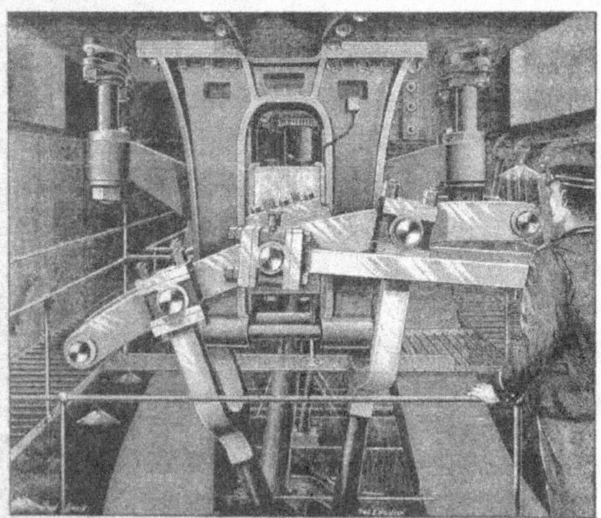

Fig. 20. — Coulisse de distribution.

même supérieur à celui du petit cylindre. Il est visible
que la puissance de la machine se trouve considérablement augmentée sans que la consommation de vapeur et
par conséquent de combustible, ait subi le plus léger
accroissement.

Dans le système Compound, le principe est le même; seulement les pistons, au lieu d'avoir une tige commune articulée soit à un balancier, soit à une même bielle, actionnent deux manivelles faisant entre elles un angle droit. Les mouvements des pistons, tout en restant corrélatifs, ne sont plus solidaires, puisqu'à un moment donné l'un est à bout de course quand l'autre est à moitié et vice versa. Il a donc fallu créer, entre les deux cylindres, un réservoir intermédiaire qui reçoit la vapeur d'échappement du petit cylindre et le fournit au grand au fur et à mesure que son tiroir en permet l'introduction.

En résumé, la machine Compound est un moteur qui comprend deux cylindres de diamètre différent dont les pistons commandent des manivelles à angle droit. La vapeur est admise dans le petit cylindre et commence à s'y détendre faiblement, puis elle s'échappe, à une pression moindre déjà, dans un espace clos dont le volume est suffisant pour que la tension n'y puisse varier sensiblement pendant un tour complet. De ce réservoir, la vapeur est distribuée au grand cylindre, où elle travaille uniquement par sa détente. Lorsque, de là, elle s'échappe au dehors, sa pression est à peine supérieure à celle qui règne au condenseur.

Fig. 22. — La machine vue d'un des parquets supérieurs.

Les machines Compound, dont l'apparition date d'une trentaine d'années, ont successivement remplacé les machines ordinaires à basse pression, mais elles se trouvent aujourd'hui détrônées par les machines *à triple et quadruple expansion*, qui marchent à des pressions plus élevées et dont le principe repose sur la généralisation du même principe. Dans le premier de ces systèmes, la détente est successivement opérée dans trois cylindres; dans le second, il y a quatre cylindres de diamètre croissant.

L'économie réalisée par ces appareils est considérable. Il nous suffira de dire que les machines marines consommaient, il y a quarante ans environ, $3^{kil},5$ de charbon par cheval et par heure, tandis qu'aujourd'hui les appareils à triple expansion perfectionnés ne consomment plus, pour effectuer le même travail, que $0^{kil},800$ de combustible, soit plus de quatre fois moins.

Nous avons vu plus haut que la vapeur s'échappait du grand cylindre au *condenseur*. On appelle ainsi un appareil entièrement clos et étanche, refroidi par un courant d'eau, où la vapeur vient se condenser après avoir travaillé. Cette condensation, effectuée dans un récipient hermétiquement fermé, a l'avantage de créer un vide, des trois quarts environ de la pression atmosphérique,

et de soulager d'autant le piston moteur du côté de l'é-
chappement. Il en résulte une certaine économie. Il est
vrai que toute machine à condensation doit être pourvue
d'une *pompe à air* destinée à extraire du condenseur
l'eau résultant de la condensation de la vapeur ou l'air
qu'elle pouvait contenir, et une pompe de circulation
qui envoie l'eau réfrigérante dans le condenseur.

Toutes les machines marines de construction moderne
sont munies de *condenseurs à surface* dans lesquels
l'eau, destinée à refroidir la vapeur, passe à l'intérieur
de petits tubes en laiton que la vapeur d'échappement
vient contourner. La vapeur se condense et tombe au
fond de l'appareil. On évite, par cette disposition, le
mélange de l'eau douce, résultant de la condensation de
la vapeur avec l'eau de mer qui est envoyée dans les
tubes par la pompe de circulation. Il en résulte que cette
eau de condensation, ne contenant aucune partie de sel,
peut être employée à l'alimentation des chaudières; l'eau
de mer ne saurait servir à cet usage à cause des dépôts
qu'elle laisse dans les générateurs si la pression de régime
dépasse deux atmosphères et demi effectifs.

Donc l'eau, dans la machine marine, suit ce qu'on
appelle en mécanique un *cycle* complet : elle est vaporisée dans les chaudières, passe, à l'état de vapeur, dans

les cylindres où elle agit, puis dans le condenseur où elle retourne à l'état liquide, est puisée dans ce condenseur par la pompe alimentaire et envoyée de là dans les chaudières où elle est vaporisée à nouveau. C'est donc toujours la même eau qui sert. Toutefois, comme les appareils mécaniques ne sont jamais parfaits, il y a,

Fig. 21. — Arbre porte-hélice.

au cours de ce cycle, une perte d'eau douce évaluée à environ un vingtième, perte que l'on comble en introduisant dans le condenseur un poids correspondant d'eau de mer ou mieux d'eau douce produit par la distillation de l'eau de mer dans des appareils spéciaux.

Les cylindres et le condenseur sont reliés à un bâti commun qui porte aussi les *paliers* de l'arbre moteur et compose ce qu'on appelle le *bâti*. C'est ce bâti qui porte les *glissières* dont le but est de guider la tige du piston et de lui permettre de résister aux efforts transversaux produits par l'obliquité de la bielle.

Les *pompes alimentaires*, *à air*, *de circulation* et de *cale* sont mues par un balancier articulé à la tige d'un des pistons ou par une petite machine spéciale appelée *appareil de servitude*.

Examinons maintenant rapidement la construction des principaux organes des machines, nous verrons ensuite quelles sont les dispositions d'ensemble qu'ils peuvent affecter.

Les cylindres, toujours en fonte, sont parfaitement alésés et se terminent, du côté opposé à l'arbre, par un couvercle boulonné qui sert à l'introduction du piston. L'autre côté est fermé par un fond venu de fonte qui porte le presse-étoupes de la tige du piston et les bossages qui réunissent le tout au bâti. Les conduits, qui amènent la vapeur au cylindre, sont de section rectangulaire et aboutissent, comme nous l'avons vu, sur une table bien rabotée qui reçoit le tiroir et se trouve enfermée dans l'intérieur de la *boîte à vapeur*. Cette dernière est aussi munie d'un couvercle pour la visite et le démontage du tiroir.

On munit souvent les cylindres d'une chemise en fonte

dure rapportée intérieurement qui diminue l'usure produite par le frottement du piston et permet d'interposer, entre la surface contre laquelle se meut le piston et la paroi extérieure, une enveloppe de vapeur dans le but de diminuer les condensations à l'intérieur du cylindre.

Le piston est en fonte et porte, à son pourtour, une bague de métal bien tournée et élastique s'ajustant contre les parois du cylindre d'une manière hermétique. Il est boulonné sur sa tige qui se termine à l'extrémité opposée par une crosse articulée sur la *bielle motrice* et guidée par les *glissières*. Ces dernières sont venues de fonte avec le bâti et convenablement dressées pour présenter une surface frottante parfaitement lisse. La bielle se termine à l'autre extrémité par une *tête* démontable, ajustée sur le *tourillon* de la manivelle. Les parties frottantes de la tête et du pied de bielle sont garnies au moyen de coussinets en bronze destinés à diminuer le frottement et munis d'un rattrapage de jeu pour remédier à l'usure au fur et à mesure qu'elle se produit. Le corps des bielles, ordinairement en acier, est cylindrique.

Les manivelles sont venues de forge avec l'arbre quand ce dernier n'a pas de très grandes dimensions; mais dans les machines des grands paquebots transatlantiques, où l'arbre peut avoir jusqu'à soixante centimètres de diamètre, les manivelles sont rapportées et placées à chaud.

Les différentes fractions qui composent l'arbre sont réunies entre elles par des plateaux et des boulons; elles reposent sur des coussinets en bronze, analogues à ceux des têtes de bielles, et maintenus dans les paliers. La partie arrière s'appelle *l'arbre porte-hélice* et ce nom seul en fait deviner le but. Elle passe dans un *tube d'étambot* puis, à travers un presse-étoupes, et se termine au dehors par une portée conique qui reçoit le propulseur.

L'hélice tourne à l'intérieur d'une *cage* découpée dans le massif arrière de la coque; elle est en fonte, en bronze ou en fer forgé suivant les différentes catégories de navires.

Le *condenseur* est le plus souvent formé d'une boîte venue de fonte avec le bâti, dans laquelle débouche le tuyau d'échappement. A l'intérieur, est disposé un faisceau de très petits tubes en laiton dans lesquels circule de l'eau de mer, froide, refoulée par une pompe, centrifuge ou à mouvement alternatif, mue soit par une machine spéciale soit par la machine principale. La vapeur vient se condenser sur ces petits tubes; l'eau résultant de cette condensation tombe au fond du condenseur où

elle est reprise par les pompes alimentaires qui l'envoient aux chaudières.

La poussée qu'exerce l'hélice en tournant est trans-

Fig. 23. — Vue d'ensemble d'une chambre de machine.

mise au navire par l'intermédiaire de *paliers de butée*,
l'arbre portant une série de collets s'emboîtant dans
autant de cannelures des coussinets.

Les machines des bâtiments à hélice se divisent en
deux grandes catégories : les machines *verticales* et les
machines *horizontales*; les premières sont à peu près
uniquement employées dans la marine marchande, tandis que les secondes, qui peuvent plus facilement se
loger sous un pont cuirassé, au-dessous du niveau de
la flottaison, sont réservées aux navires de guerre.

Les machines verticales sont toujours du type dit à
pilon, en raison de leur ressemblance avec le marteau-
pilon. Les cylindres sont placés au-dessus de l'arbre et
soutenus par des colonnes ou des supports en fer. Ces
machines présentent de très nombreux avantages pra-
tiques qui les ont fait adopter d'une manière générale
pour les paquebots et les cargoboats, et parmi lesquels
nous citerons : moindre espace occupé horizontalement,
possibilité d'augmenter la course et la longueur des
bielles, diminution de l'usure des pistons ou des cylindres qui n'ont plus à supporter, comme avec les machines
horizontales, le poids du piston sur leur face inférieure.

Les machines-pilon les plus employées aujourd'hui
sont à triple expansion et à trois cylindres actionnant
autant de manivelles calées à 120°. On rencontre encore
toutefois beaucoup de machines Compound à deux cylindres, mais on n'en construit plus guère. On trouvera

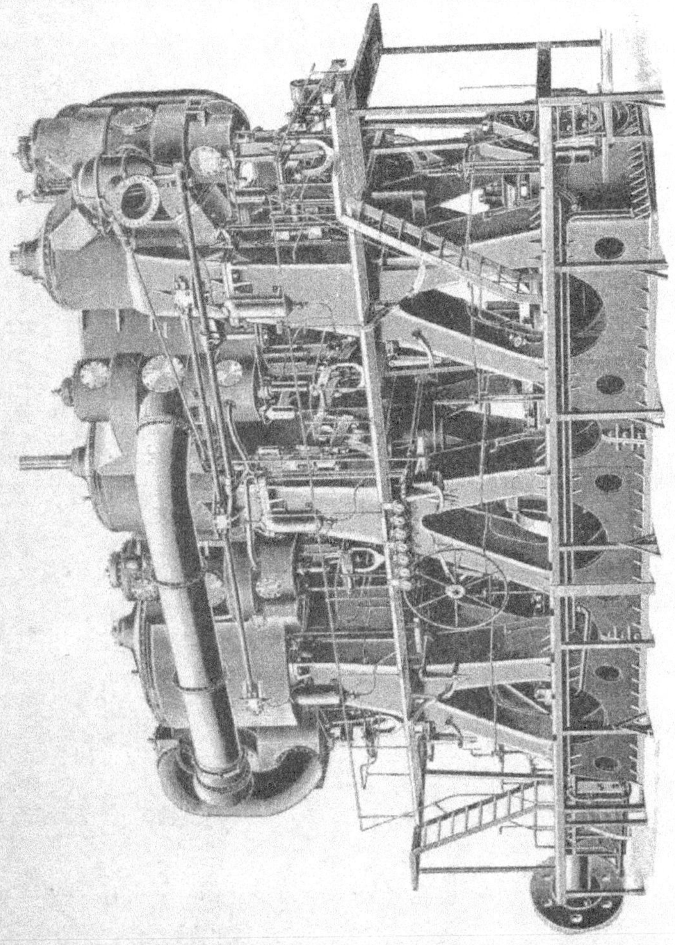

Fig. 24. — Les machines du steamer « City of New-York ».

(fig. 24) l'élévation générale d'une machine récente à triple expansion; on pourra reconnaître à première vue les principaux organes que nous avons mentionnés. Cette machine appartient au paquebot à grande vitesse le *City of New-York*; elle a développé une puissance de 18,000 chevaux; il est vrai que, ce bâtiment étant à hélices jumelles, l'appareil moteur est double, et notre dessin n'en représente qu'un des groupes.

Ce dessin a été fait d'après une photographie de la machine montée dans l'atelier avant son embarquement mais telle qu'elle est installée à bord. On remarquera que cette machine est entourée d'un double plancher métallique qui permet aux mécaniciens l'accès facile de tous les organes. Ces planchers sont à trous afin de ne pas intercepter la lumière. Le mécanicien de quart se tient sur le parquet inférieur d'où l'on voit, groupés en un même point, tous les leviers de manœuvre dont il peut avoir besoin : le *volant du changement de marche* et les *manomètres* des chaudières ou des différents cylindres.

Ces différents parquets (quelques machines très hautes en ont quatre), communiquent entre eux par des échelles métalliques.

On trouvera (fig. 25) un exemple de machine horizontale

appartenant à un cuirassé. Cet appareil a été étudié surtout en vue de se loger entièrement sous la flottaison. Il est beaucoup plus trapu et ramassé que le précédent.

On peut voir encore, à bord de beaucoup de nos anciens cuirassés, des machines horizontales à *bielle en retour*, dans lesquelles l'arbre passe entre les cylindres et la traverse des tiges de piston ; ces tiges sont au nombre de deux par cylindres. Ces appareils étaient très compacts, mais peu accessibles ; d'ailleurs, comme ils ne se prêtaient pas à l'adoption des hélices jumelles presque toujours employées aujourd'hui pour les grands navires de guerre, on n'en construit plus.

Nous avons donné (fig. 23) une vue d'ensemble d'une chambre de machine, appartenant à un bateau à hélices jumelles. Chacun des arbres est actionné par une machine-pilon, mais les corps de chaudières sont communs aux deux appareils moteurs. Dans les navires de guerre, on dispose généralement, entre les deux groupes d'appareils, une cloison étanche longitudinale percée de portes pouvant fermer hermétiquement au moyen d'une manœuvre aboutissant sur le pont.

Les chambres de machines et de chauffe sont entourées, tout au moins du côté du bordé, par les *soutes à charbon*. On appelle ainsi des caissons en tôle s'étendant sur toute la hauteur du navire et dans lesquelles on emmagasine le combustible destiné à l'alimentation des foyers pendant la traversée. Cet approvisionnement de charbon peut s'élever jusqu'à 1,600 tonnes dans les grands

Fig. 25. — Machines horizontales pour navires de guerre à deux hélices.

paquebots. La consommation d'une bonne machine marine étant de 0ᵏ,800 de charbon par heure et par force de cheval, la quantité de combustible qu'un tel navire est capable d'emporter, peut, pour une puissance moyenne de 12,000 chevaux, lui permettre de fonctionner 166 heures, ce qui, à raison de 18 nœuds à l'heure, correspond à un voyage de 2,988 milles marins, soit 1,380 lieues terrestres.

Les machines d'un grand paquebot comme l'*Umbria* de la Compagnie Cunard, consomment par jour 330 ton-

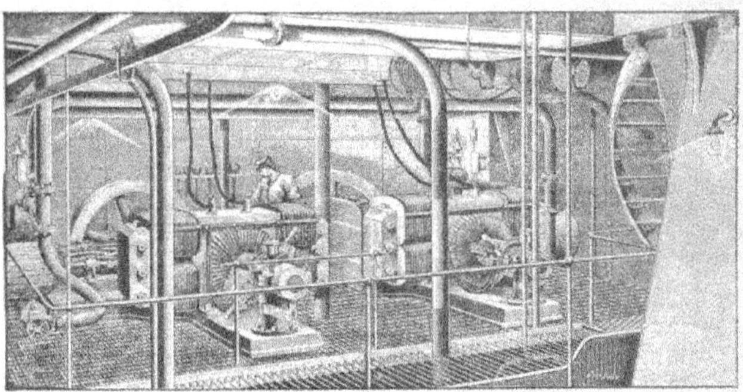

Fig. 26. — Chambre des machines pour l'éclairage électrique.

nes de charbon, cela fait 13,800 kilogrammes par heure et 230 kilogrammes par minute!!

Ces chiffres énormes montrent ce que coûte la vitesse et combien une réduction infime de la consommation par cheval peut avoir des résultats considérables sur la bourse de l'armateur.

Ce qui complique encore les machines marines, ce sont les nombreux appareils auxiliaires, mus par la vapeur, placés sous la surveillance des mécaniciens, tels que les pompes des water-ballasts, de circulation, d'alimentation et de cale, le changement de marche, le vireur, etc. Ajoutons que tous les paquebots sont aujourd'hui éclairés à la lumière électrique, généralement au moyen de lampes à incandescence. Les dynamos sont placées dans une annexe de la chambre des machines (fig. 23); elles sont mues par des moteurs à vapeur à grande vitesse qui leur sont directement attelés.

CHAPITRE III

Nous nous proposons, dans ce chapitre, de donner au lecteur une idée de la classification générale que l'on peut établir des différentes espèces de navires.

On peut diviser les bâtiments suivant le service qu'ils sont appelés à faire ou suivant le mode de moteur qui leur est appliqué; nous adopterons tout d'abord cette dernière classification et examinerons successivement les navires à voile et à vapeur.

Navires à voile. — La propulsion des navires par le vent constitue la plus large application que l'on ait jamais faite de l'utilisation des forces naturelles à un point de vue mécanique. La marine à voile n'est pas, comme beaucoup de personnes sont disposées à le croire, sur le point de disparaître de la surface des mers, tant s'en faut; ses nombreux inconvénients dus surtout aux caprices atmosphériques, à la faible vitesse généralement réalisable, sont, dans certains cas, compensés largement par la diminution des frais dus au moindre prix d'achat du bâtiment à voiles, à la suppression de la dépense de combustible et à la diminution du personnel. Pour le petit cabotage ou pour le long cours, le navire à voile n'est pas près de disparaître, seulement il se transforme, nous verrons plus loin dans quel sens.

Avant de pousser plus loin cette étude, rappelons sommairement les principes du gréement. On peut diviser les voiles en trois catégories principales : les voiles *latines* ou *auriques*, les voiles *carrées*, les voiles *triangulaires*, « *endraillées* » sur des étais de mâts ou des cordages spéciaux.

La voile aurique est ordinairement comprise entre un mât, sur lequel elle est maintenue par des cercles, et une *corne* fixée à ce même mât. Vers le bas, cette voile est *bordée* sur un *guy*. Pour *amener* la voile, on *largue* les *drisses* de la corne et celle-ci s'abat sur le pont avec la voile qu'elle supporte. La grande voile des cotres, sloops et goëlettes est une voile aurique.

La voile carrée est celle qui est comprise entre deux vergues, elle affecte la forme trapézoïdale, c'est la voile des grands navires de guerre ou du commerce.

Les voiles triangulaires sont les focs, les trinquettes, les voiles d'étai.

Si nous prenons la classification des bâtiments à voile, dès le bas de l'échelle, en nous élevant progressivement vers le type le plus parfait, nous remarquerons les principaux types de navires suivants, distincts entre eux par leurs proportions, leur forme et surtout leur gréement.

Le *cotre*, ou *cutter*, ou *sloop*, qui porte, sur un seul mât, une voile aurique, un foc, une trinquette et une flèche.

La *goëlette*, est un navire à deux mâts, qui grée deux voiles auriques et deux huniers pareils à ceux du cotre, si c'est une goëlette latine; dans les goëlettes de la marine commerciale, le mât de misaine porte ordinairement un hunier carré et un perroquet. Ajoutez à cela deux focs et une trinquette et vous aurez un fort joli gréement, très maniable.

Le *brick-goëlette*, très répandu dans la marine du commerce, est un bâtiment à deux mâts; celui d'avant est gréé en brick, celui d'arrière en goëlette. Il y a généralement des voiles d'étai entre les deux mâts.

Le *brick* est un navire à deux mâts. Le mât d'artimon est plus élevé que l'autre et porte le nom de grand mât. Ces deux mâts portent les mêmes voiles carrées que les trois-mâts barque : huniers, perroquets, cacatois, contre-cacatois, etc.

Le *trois-mâts barque*, qui a presque partout, du moins pour les navires de dimensions moyennes, détrôné l'ancien trois-mâts carré, est en somme gréé comme un brick

Fig. 27. — Clipper à voiles.

auquel on a ajouté, à l'arrière, un petit mât qui grée une brigantine et une flèche.

Le *trois-mâts carré* était le plus grand des navires à voiles jusqu'à l'apparition des *clippers* à quatre et même à cinq mâts dont l'origine est relativement moderne. Le gréement des trois-mâts carrés est le même pour les trois-mâts, seuls les noms et les dimensions des voiles varient. Le grand mât, par exemple, grée, en partant du pont : une grand'voile, un grand hunier, un grand perroquet, un grand cacatois et souvent un contre-cacatois. Au mât de misaine, les voiles portent les mêmes noms, mais précédés du mot : petit; le mât d'artimon grée une brigantine, un perroquet de fougue, une perruche et un cacatois de perruche.

En outre des voiles que nous venons de citer, les bricks et les trois-mâts comportent des voiles d'étai, entre leurs mâts.

C'est à la classe des trois-mâts carrés qu'appartiennent les plus célèbres navires à voile : les *clippers* et les anciens vaisseaux de ligne. Les premiers, qui ont atteint l'apogée de leur réputation, il y a trente ans environ, ont été créés pour effectuer le transport des cotons de l'Amérique du Nord en Europe ou celui des thés, de Chine à Londres. Aujourd'hui, les flottes commerciales françaises et anglaises comptent un grand nombre de quatre-mâts en fer ou en acier, qui jaugent jusqu'à 5,000 tonnes. Excellents voiliers, ces bâtiments peuvent, lorsque le vent est favorable, atteindre des vitesses de 16 nœuds, soit de trente kilomètres à l'heure.

La marine militaire ne compte plus aujourd'hui de navires à voiles proprement dits, à part un très petit nombre de bâtiments destinés à des services auxiliaires ou à l'école des gabiers.

Navires mixtes. — On donne le nom de navires mixtes à une catégorie de bâtiments qui tend à disparaître aujourd'hui, si ce n'est dans les services auxiliaires de la flotte militaire, et qui, munis d'une bonne voilure comportaient aussi un appareil à vapeur auxiliaire destiné

Fig. 28. — Ancien vaisseau à voiles de premier rang.

à les propulser en temps de calme, la voilure étant suffisante lorsque le vent adonnait. Nous avons encore un certain nombre de transports construits suivant ces principes.

Navires à vapeur. — Ici, nous nous trouvons en face

de deux catégories de bâtiments : les steamers à aubes et à hélice.

Les steamers à roues, qui ont les premiers fait leur apparition, ne se rencontrent plus guère que sur certaines lignes spéciales, particulièrement affectées au service des passagers, par exemple celles qui relient la France et l'Angleterre, cette dernière avec l'Irlande ou les îles de la Manche. La préférence dont ces bateaux sont l'objet dans ce cas particulier tient à ce que les roues à aubes permettent, plus que l'hélice, de concilier une grande puissance, c'est-à-dire une grande vitesse avec un faible tirant d'eau.

L'immense majorité des bâtiments à vapeur : cuirassés, croiseurs et autres navires de guerre, cargoboats, charbonniers, porteurs de minerai, paquebots et yachts sont à hélice.

Le gréement des navires à vapeur est généralement très rudimentaire et ne comporte pas assez de surface de toile pour permettre à ces bâtiments de naviguer sans le secours de leurs machines, la voilure ne servant en somme qu'à appuyer le navire en cas de grosse mer ou à lui donner une vitesse suffisante pour qu'il puisse gouverner, en cas d'avarie à son appareil moteur.

Les navires du commerce ne comportent le plus souvent qu'une voilure de goëlette ou de brick-goëlette, quelquefois de trois-mâts barque.

Plus loin, nous verrons quelles sont les principales sortes de navires de guerre, rappelons seulement que leur voilure, si belle et si grandiose autrefois, a été supprimée par la suite; beaucoup de cuirassés et de croiseurs protégés ne portent plus que des mâtereaux de signaux munis d'affreuses hunes blindées et armées de canons-revolvers.

DEUXIÈME PARTIE

LA MARINE MILITAIRE

CHAPITRE PREMIER

COMPOSITION DES FLOTTES DE GUERRE.

Les flottes militaires se composent d'un grand nombre d'éléments très différents appelés à faire face aux diverses exigences du service en temps de guerre ou de paix; ce sont principalement : les *cuirassés d'escadre*, les *garde-côtes*, les *croiseurs*, qui se partagent eux-mêmes en différentes catégories; les *croiseurs-torpilleurs*, les *canonnières*, les *transports*, les *avisos*, les *avisos-torpilleurs*, les *torpilleurs*, etc. Nous allons passer successivement en revue ces diverses catégories, puis décrire quelques-uns des navires qui peuvent servir de type et fixer les idées.

Navires cuirassés. — Voilà plus de trente ans que le premier navire blindé a fait son apparition et depuis cette époque la lutte entre le canon et la cuirasse, de-

venue légendaire, n'a pas encore dit son dernier mot.
A chaque nouveau canon créé par l'artilleur avec une
puissance de perforation supérieure à celle de ses devanciers, le constructeur et le métallurgiste répondent par
une cuirasse plus épaisse ou plus résistante. On peut
cependant prévoir la fin de cette rivalité qui se termine-
rait certainement en faveur du canon. Il existe, en effet,
une limite de cuirassement imposée par le poids que peut
porter un navire d'un déplacement donné, surtout si
l'on veut lui conserver une vitesse raisonnable. Une
cuirasse ayant 2 mètres de hauteur seulement sur une
épaisseur de $0^m,50$, régnant sur toute la longueur d'un
cuirassé, pèse environ 1,600,000 kilogrammes ; ce n'est
une pas petite affaire, surtout si l'on pense que ce même
navire doit encore porter ses machines, son artillerie, son
charbon et ses approvisionnements de toutes sortes. Le
canon, au contraire, a fait de tels progrès depuis quelques années que l'on ne peut savoir où s'arrêtera sa
puissance et sa force de pénétration. La vitesse est de
plus en plus appréciée pour les navires de guerre et paraît
devoir être considérée dans un avenir très prochain
comme sa qualité primordiale quelle que soit sa destination. L'adoption des très grandes vitesses amènera
peut-être la diminution du cuirassement, l'allègement

Fig. 29. — Navire de guerre moderne.

du navire qui en résulterait pourrait donner une notable augmentation du sillage. D'ailleurs, on ne doit
pas se figurer que les cuirassés modernes soient en toutes
leurs parties recouverts de l'armure protectrice. La puissance de perforation des bouches à feu modernes exige
que les cuirasses, pour rester suffisamment efficaces,
aient une épaisseur considérable, jusqu'à 50 centimètres,
et le poids d'un semblable blindage est tel qu'on le limite
aux parties vitales les plus essentielles à défendre, par
exemple la flottaison ou la partie réservée aux machines.
En France, on semble préférer le premier système et l'on
protège avant tout la flottaison; à l'étranger, beaucoup
de vaisseaux sont cuirassés suivant toute la hauteur de
leurs œuvres mortes, par le travers des machines et des
chaudières, la flottaison restant sans défense dans les
extrémités. Les deux systèmes ont leur bon et leur mauvais côté et, pour cela comme pour tant d'autres ques-
tions on pourrait discuter à l'infini. Il n'y a guère de
science qui repose plus sur des hypothèses que la
science navale moderne, aucun engagement notable
entre puissances importantes n'ayant eu lieu depuis que
les nouveaux systèmes de navires et de canons se sont
répandus. Puisse-t-il en être encore longtemps ainsi!

Nous croyons que la meilleure manière de donner au

lecteur une idée tout au moins approchée de ce qu'est un grand navire de guerre moderne, consiste à décrire successivement, comme nous le ferons plus loin, quelques-uns des plus célèbres d'entre eux tant de la marine française que des marines étrangères.

Au point de vue de l'aspect, le navire de guerre n'a pu que perdre aux modifications que lui ont fait subir le cuirassement et les progrès de l'artillerie moderne. L'ancien vaisseau, avec sa haute mâture et ses batteries peintes en blanc possédait une élégance et une majesté que l'on ne saurait accorder aux cuirassés modernes. Ceux-ci ne sont qu'imposants, grâce à leurs dimensions, encore, faut-il, pour s'en rendre compte, les voir de près. Les superstructures n'ont plus de lignes, le pont et les œuvres mortes sont surchargés de saillies disgracieuses, la belle mâture du commencement du siècle a fait place à de maigres mâtereaux sans vergues, déshonorés par la présence de hunes blindées à l'aspect lourd et gauche. La seule partie de ces bâtiments dont on pourrait admirer les formes, la carène, qui a dû s'affiner à mesure que la vitesse augmentait, se trouve cachée sous l'eau et ne se montre qu'à l'œil des gens du métier, dans la cale sèche, lorsque le navire subit une réparation.

Indépendamment du blindage, une des choses qui distingue le plus le navire de guerre moderne, par comparaison avec les anciens vaisseaux de ligne, c'est la diminution du nombre des canons. C'est le cas ou jamais de dire que l'on a remplacé la quantité par la qualité.

Fig. 30. — Croiseur en vitesse.

Il y a quarante ans, un vaisseau de premier rang portait 120 canons; aujourd'hui, les plus puissants cuirassés ne comportent guère plus de 15 pièces sans compter les mitrailleuses. Seulement quelques-uns de ces canons atteignent des calibres de 45 centimètres et pèsent jusqu'à 110 tonnes. Ils lancent des obus de 1,000 kilogrammes, à une distance de 15 kilomètres, alors que leurs ancêtres, il y a tout au plus un demi-siècle, avaient une portée quatre fois moindre, bien que le poids du projectile ne dépassât pas 20 kilogrammes.

Croiseurs. — Les croiseurs sont des navires peu ou point cuirassés, assez médiocrement armés, mais doués avant tout d'une grande vitesse, destinés soit à des croisières dans les mers lointaines, soit à servir d'éclaireurs aux escadres et à se livrer, en temps de guerre, à la chasse des navires marchands de la marine ennemie, afin de ruiner son commerce.

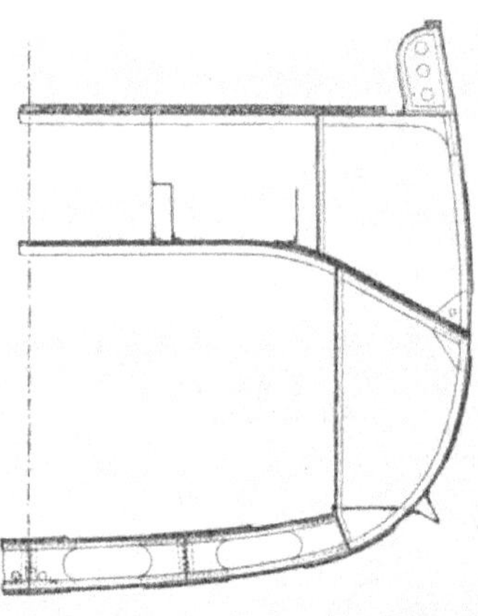

Fig. 31. — Coupe d'un croiseur montrant le pont cuirassé.

La seule protection que reçoivent les croiseurs consiste en un pont cuirassé placé à la hauteur de la flottaison (fig. 31) et destiné à abriter les machines et munitions contre les petits projectiles et les éclats d'obus. La coque est aussi légère que possible afin de permettre de grandes vitesses, les machines, également très légères, tournent vite et présentent une grande puissance relativement au déplacement.

Nous sommes restés longtemps en retard, particulièrement vis-à-vis de la marine anglaise, sous le rapport des croiseurs rapides, mais nous en avons en chantier et en essais qui fileront plus de 19^{nds}, 5, et nous avons gagné du terrain dans ces dernières années.

Dans la marine française, les croiseurs sont partagés en plusieurs catégories suivant leur mode de construction ou d'armement, leurs dimensions ou le rôle qu'ils doivent jouer en temps de guerre, ce sont : les *croiseurs protégés*, les *croiseurs à batterie*, les *croiseurs de première*, *deuxième* et *troisième* classe et les *croiseurs-torpilleurs.*

Torpilleurs et torpilles. — Il n'est guère de navire plus populaire en ce moment que le torpilleur, ce merveilleux et minuscule navire qui peut lutter de vitesse avec un train de chemin de fer. Tout le monde s'intéresse à cet engin de guerre et dès que l'un d'eux accoste le quai d'un port, il est aussitôt entouré d'une foule de curieux. Cet intérêt que porte le public aux torpilleurs est moins dû à leurs formes étranges qu'à ce sentiment qui porte la foule à admirer les tours de force de l'humanité.

Le torpilleur est, en effet, un tour de force; réunir dans un petit bateau d'une trentaine de mètres une puissance offensive considérable et une machine de plusieurs centaines de chevaux le tout avec un déplacement très faible et un tirant d'eau limité, est un problème ardu qui n'a pu être résolu qu'au prix des plus grands efforts.

On sait quel est en cas de guerre maritime le rôle du torpilleur : porter sur les flancs du bâtiment ennemi une torpille à espars ou lui décocher à distance une torpille automobile, puis son œuvre de destruction terminée, se retirer aussi rapidement que possible.

La vitesse du torpilleur doit être très grande afin qu'il reste le moins longtemps possible exposé au feu de l'ennemi, afin qu'il puisse tomber sur lui à l'improviste et se dégager avec toute la promptitude désirable. Ce genre de bâtiment doit être assez petit pour se dissimuler facilement, n'être pas aperçu de loin et pouvoir se réfugier soit dans des ports soit dans des anses où un croiseur ne pourra le poursuivre.

Cette vitesse, qui dépasse en certaines circonstances 20 nœuds de 1,852 mètres à l'heure, est obtenue grâce à une très grande finesse et à la concentration d'une puissance considérable sous un poids et un volume extrêmement réduits. A cet effet, on adopte, comme générateur de vapeur, la chaudière de locomotive, la plus légère pour une vaporisation donnée, dont on active le tirage au moyen d'un ventilateur mû par une petite machine spéciale tournant à environ 1,000 tours par minute.

La machine qui actionne l'arbre d'hélice tourne à raison de 350 tours environ pendant le même temps, ce qui diminue considérablement son poids. On arrive ainsi à exécuter des machines qui ne pèsent pas 30 kilogrammes par cheval, y compris la chaudière, le condenseur, un tuyautage compliqué et l'eau d'approvisionnement.

Les torpilles employées aujourd'hui sont de deux sortes. D'abord les torpilles portées qui consistent en un récipient métallique, rempli de fulmicoton, adapté à l'extrémité d'un espars fixé à l'avant du torpilleur; l'explosion est déterminée par le contact de la torpille contre les flancs du navire ennemi. Ces torpilles ont l'inconvénient d'obliger le bateau qui les porte à approcher du bâtiment ennemi et à rester longtemps exposé à son feu. Quand le torpilleur peut arriver jusqu'à toucher le navire contre lequel il opère, l'effet de la torpille portée est presque toujours complet, mais le malheureux bateau offensif est souvent lui-même victime de l'explosion ou du feu vengeur de l'ennemi s'il ne fait pas machine en arrière aussitôt. Aussi, préfère-t-on aujourd'hui les torpilles au-

Fig. 82. — Torpilleur en vitesse.

tomobiles. Il y en a de plusieurs sortes, mais la seule adoptée en France est la torpille Whitehead.

Cette torpille est un petit bateau sous-marin (type réglementaire $4^m,40$ de longueur) qui affecte la forme d'un cigare pointu aux deux bouts. A l'avant, se trouve une charge de fulmicoton, dont l'explosion est déterminée au moment du choc contre le navire et mû par un appareil de percussion. Le reste de la torpille forme flotteur; il est occupé par un réservoir où l'on comprime de l'air à une pression de 90 atmosphères; cet air actionne une petite machine à trois cylindres qui fait tourner une paire d'hélices placées à l'arrière lesquelles impriment à la torpille une vitesse de vingt-cinq à vingt-huit nœuds. Cette torpille, véritable chef-d'œuvre de mécanique, est munie d'appareils très ingénieux, que nous ne pouvons décrire ici, qui la dirigent dans la direction voulue et la maintiennent à un degré d'immersion déterminé, par exemple $2^{m},50$.

Les torpilles Whitehead sont lancées au moyen de tubes dits *lance-torpilles*, placés généralement à l'avant du torpilleur, au-dessus de la flottaison et légèrement inclinés vers la surface de la mer. La torpille est placée dans ce tube, le bateau étant orienté dans la position voulue, puis lancé au moyen de l'air comprimé, ou mieux, d'une faible charge de poudre. Aussitôt dans l'eau, les hélices de la torpille se mettent à tourner à une vitesse considérable et l'entraînent dans la direction du tir, sous l'eau. Quand la torpille rencontre la muraille du bâtiment ennemi, elle éclate et fait une large brèche qui entraîne une voie d'eau le plus souvent fatale.

Les torpilles ont une portée de plus de 1,000 mètres, mais au delà de 5 ou 600 mètres, leur effet est très incertain. Elles peuvent dévier légèrement de la ligne de tir, être entraînées par un courant. Le tir en est très délicat, parce qu'il faut combiner, pour déterminer le pointage du tube lance-torpille, la vitesse de l'assaillant et celle de l'ennemi. Leur avantage est, comme on le voit, de permettre au torpilleur de ne pas approcher le vaisseau contre lequel il opère.

Aujourd'hui, on commence à lancer les torpilles au moyen de *tubes à cuiller* placés sur le pont et mobiles autour d'un axe, qui peuvent s'orienter comme un canon. Il est alors possible de pointer le tube dans la direction de l'ennemi sans modifier le cap du bâtiment.

Mais revenons aux torpilleurs. La marine française possède un assez grand nombre de types qui tendent d'ailleurs à s'uniformiser.

Les plus petits sont les *canots-vedettes*, qui ont 13 mètres de longueur, filent néanmoins près de quartorze nœuds et n'emploient que la torpille à espars. Ils ont une machine de 100 chevaux.

Ensuite viennent les *torpilleurs-vedettes*, de 19 mètres, également *porte-torpilles* comme les torpilleurs proprement dits de 26 et de 27 mètres.

Les autres torpilleurs, de première classe, ont de 32 à 35 mètres de longueur et sont actionnés par des machines de quatre à cinq cents chevaux. Ils filent vingt nœuds et sont armés, à l'avant, de deux tubes lance-torpilles.

Les torpilleurs de haute mer, du type Balny, ont 42 mètres de longueur et une machine de six cents chevaux. fig. 33).

Voici quels sont, en général, les éléments constitutifs d'un torpilleur. A

Fig. 33. — Torpilleur français de 41 mètres.

l'avant, au-dessous du pont, immédiatement contre l'é-trave, sont les deux tubes lance-torpilles situés dans l'axe, longitudinalement, l'un contre l'autre. Ils sont placés dans une chambre assez longue pour recevoir deux tor-pilles, et qui sert de *poste* à l'équipage. Le poste est li-mité à l'arrière par une cloison étanche derrière laquelle se trouve la chaudière dont la boîte à fumée est tour-née vers l'avant. La machine, située derrière la chauffe-rie, est séparée de celle-ci par une autre cloison étanche. Derrière la machine se trouve une autre cloison, également étanche, pour la cabine des deux officiers; enfin, à l'extrême arrière, il y a un coqueron ou magasin.

Sur le pont, vers l'avant, est un kiosque en tôle d'acier où est la roue du gouvernail et où le commandant et le timonier trouvent un abri relatif.

Le tout est très ras sur l'eau, afin d'offrir une moins grande surface visible et d'être aussi léger que possible.

La machine est du système Compound à condensation par surface. Elle est d'une grande légèreté et construite en matériaux de premier choix.

La chaufferie est fermée, sur le pont, par une porte étanche; le ventilateur comprime l'air dans cette chambre pour activer le tirage. Les chauffeurs, qui doivent être habiles et un peu casse-cou, sont donc enfermés dans une sorte de boîte dont le séjour est peu agréable et non sans danger.

Les torpilleurs, ces petits bateaux fins comme des couteaux et ras sur l'eau, sont beaucoup plus marins que l'on ne se plaît à le dire. Quand la mer est houleuse, ils fendent la lame comme des coins et s'enfoncent en partie sous l'eau pour relever, un peu plus loin hors de la mer, leur avant couvert d'écume. Ils sont insubmersibles. Le seul danger qu'ils présentent par grosse mer consiste dans la fatigue que supportent leur membrure et leur bordé, d'échantillons très minces. Toutefois, leur séjour à la mer est loin d'être plein de charme. Les

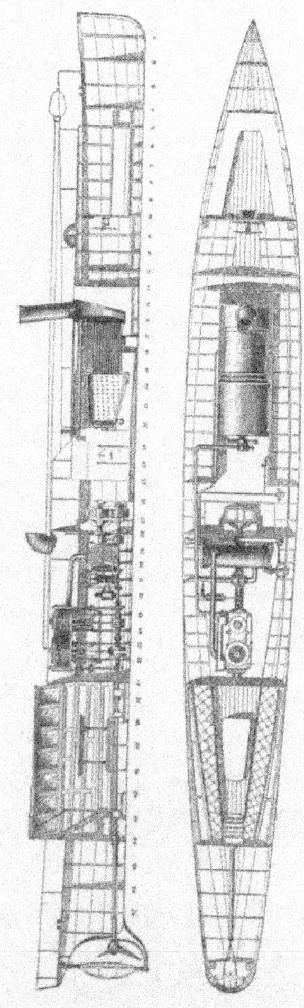

Fig. 34 et 35. — Coupe longitudinale et plan intérieur d'un torpilleur.

trépidations, le roulis, le tangage, le manque d'espace et d'aération dans les chambres, par mauvais temps, les rendent peu habitables; les équipages les mieux trempés sont sur les dents au bout de quelques jours.

Voyons maintenant quels sont les moyens donnés aux cuirassés pour se défendre de l'attaque des torpilleurs. Ils sont de deux sortes : l'un consiste à empêcher l'approche du torpilleur; l'autre à arrêter la torpille avant qu'elle vienne en contact avec le bordé.

A cet effet, les cuirassés, croiseurs et navires susceptibles d'être torpillés, sont armés, comme nous l'avons vu, outre leurs grosses pièces, de mitrailleuses, canons-revolvers et à tir rapide. Ces petites pièces, dont le calibre varie de 20 à 47 millimètres, sont placées en abord sur les bastingages, dans les hunes, sur la dunette et le gaillard d'avant. Aussitôt qu'un torpilleur ennemi est aperçu se dirigeant contre le bâtiment, il est assailli par une grêle intense de projectiles; bien fortuné sera-t-il s'il peut arriver à lancer sa torpille et à se retirer sain et sauf.

Aussi les torpilleurs n'ont-ils guère la chance d'approcher leur ennemi que par une nuit très noire et par surprise. Ici encore le cuirassé possède un moyen de défense, incertain quelquefois, mais qui peut le sauver. Nous voulons parler des projecteurs électriques, sortes

de grosses lampes à arc voltaïque munies d'un réflec-
teur. On peut les orienter dans la direction voulue et
projeter un faisceau lumineux qui permet d'inspecter
l'horizon et de découvrir, quand cela est possible, le
petit torpilleur qui s'avance tortueusement dans l'ombre
pour accomplir son œuvre de destruction.

Pour arrêter les torpilles, les cuirassés sont munis
de *filets Bullivan*, sortes de réseaux à mailles d'acier

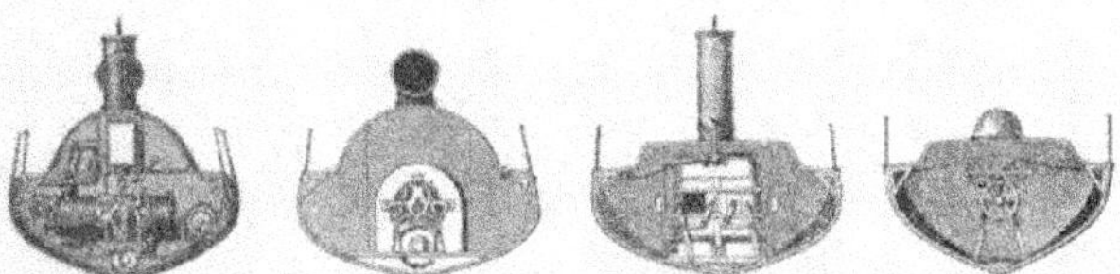

Fig. 36. — Coupes transversales d'un torpilleur.

dont on fait une véritable crinoline soutenue autour du
bâtiment, à quelque distance de sa muraille, par des
tangons et immergés de plusieurs mètres. Des expé-
riences précises ont démontré que les torpilles, malgré
leur grande vitesse, étaient arrêtées par ces filets.

En temps ordinaire, ces filets sont roulés et amarrés
le long des œuvres mortes du bâtiment. A l'approche de
l'ennemi, les filets sont installés à leur poste de combat.
Ils ont l'inconvénient de faire perdre au navire, lorsqu'ils
sont immergés, quelques nœuds de vitesse. Mais c'est

un détail secondaire, à côté de la sécurité qu'ils pro-
curent.

Afin que le torpilleur puisse mieux se cacher aux yeux
des navires ennemis, on a songé, depuis longtemps
déjà, à le rendre sous-marin.

Le bateau sous-marin existe, il fonctionne, il plonge,
revient à la surface, disparaît à nouveau, mais il reste à
voir jusqu'à quel point on pourra en tirer service. Il lui
est bien difficile de trouver son chemin sous l'eau et il
est à craindre que le reflet des lumières électriques qui
servent à éclairer sa route ne soit visible de loin la nuit.
On a dernièrement essayé à Toulon un bateau sous-marin
mû par l'électricité, qui a donné des résultats satis-
faisants. Reste à voir le parti qu'on en tirera en pratique.

CHAPITRE II

L'armement offensif d'un grand navire de guerre se
compose : de la grosse artillerie, des canons à tir rapide,
des mitrailleuses et des canons-revolvers ou *Hotchkiss*,
et des torpilles.

Rappelons sommairement les principes suivant lesquels sont aujourd'hui construites nos armes offensives.

Grosse artillerie. — On sait qu'en principe, un canon
est un tube métallique très résistant alésé au diamètre
du projectile que l'on veut lancer et fermé, du côté opposé à la direction du tir, par la culasse. Derrière le
projectile, on dispose une charge de poudre dont la combustion, subitement provoquée par le tireur, développe
une immense quantité de gaz. Ceux-ci créent derrière
le boulet une pression de plusieurs milliers d'atmosphères qui chasse violemment le projectile devant lui

avec une vitesse initiale pouvant atteindre dans les armes perfectionnées jusqu'à 800 mètres à la seconde. A l'origine, et jusque vers 1855, les canons étaient à âme lisse et les boulets sphériques. Aujourd'hui, tous les canons sont munis intérieurement de rayures en hélice, tracées à l'intérieur de l'âme de la pièce et dans lesquelles viennent s'incruster des ailettes ou ceintures en métal mou faisant corps avec le projectile et qui lui communiquent, au moment où il est projeté au dehors, un mouvement rapide de rotation. Ce mouvement permet, pour des raisons de balistique qui ne peuvent trouver place ici, de donner aux projectiles une forme allongée plus satisfaisante au point de vue de la justesse, de la portée et de la pénétration.

Les canons modernes sont en acier, ce qui permet de les faire plus légers à égalité de résistance; ils se chargent tous par la culasse afin que le chargement soit opéré plus rapidement et que le projectile puisse être davantage forcé dans les rayures. Le plus grand progrès de l'artillerie moderne est peut-être dû à l'adoption de poudres *lentes* dont la combustion progressive fournit les gaz moins brusquement que les anciennes poudres *brisantes*, et poussent pour ainsi dire sans choc le projectile pendant toute la durée de sa course dans la pièce.

Cet effet est encore augmenté par la grande longueur donnée aux canons modernes qui est souvent égale à quarante fois le diamètre de l'âme.

Les projectiles, de forme ogivale, sont le plus souvent en fonte, mais on en fait en acier pour percer les blindages. Le plus gros obus de notre marine est celui du

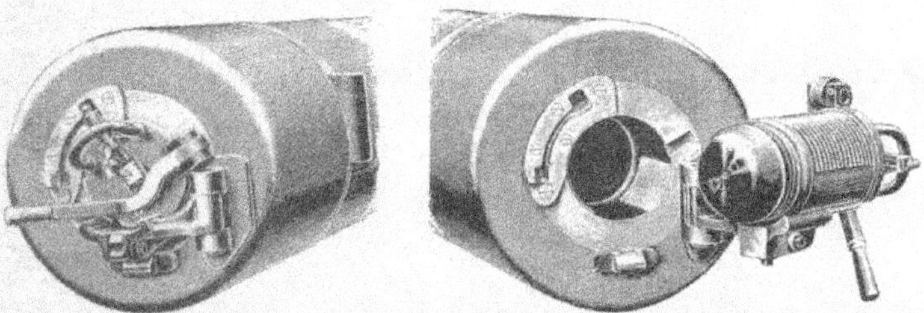

Fig. 37 et 38. — Culasse fermée. Culasse ouverte.

canon de 42 centimètres, modèle 1879, qui pèse 730 kilogrammes.

La marine française possède un très grand nombre de modèles de canons, mais, depuis 1881, on a successivement modifié les anciens types et nous n'avons guère à envisager aujourd'hui que les canons des calibres de 10, 14, 16, 24, 27 et 34 centimètres; on doit y ajouter les mortiers de 30 centimètres et les canons d'embarcation de 65 et 90 millimètres. Toutes ces pièces sont en acier et rayées, le chargement s'opère par la culasse et la mise du feu se fait au moyen d'une lumière centrale de la vis culasse.

Lors de la création de la nouvelle artillerie à grandes vitesses initiales, on a éprouvé les plus grandes difficultés pour consolider les affûts. On n'est arrivé à un résultat satisfaisant que grâce aux freins hydrauliques interposés entre la pièce et son affût. Ces freins ont l'avantage de créer une résistance qui, faible au début du recul, croît successivement et finit par causer, sans choc, l'arrêt du système.

Pour donner une idée de la puissance des canons modernes, il nous suffira de dire que l'obus de 34, modèle 1875, perce à bout portant une plaque de blindage en fer de 60 centimètres d'épaisseur et que celui de 42 traverse, dans les mêmes conditions, une plaque de 90 centimètres. Certaines marines étrangères possèdent des bouches à feu plus puissantes encore. Le canon Armstrong de 110 tonnes lance un obus de 1.000 kilogrammes environ qui peut percer une plaque en fer forgé de 1 mètre d'épaisseur. Le plus gros canon du monde a été récemment usiné chez Krupp pour le compte du gouvernement russe. Cette pièce en acier, du calibre de 40 centimètres, pèse, sans son affût, la bagatelle de 235 tonnes.

Fig. 40. — Canon en batterie.

Aux essais qui en ont été faits, le projectile a traversé une plaque de 60 centimètres d'épaisseur, en fer forgé, qui ne l'a pas empêché d'aller retomber à 1,200 mètres plus loin.

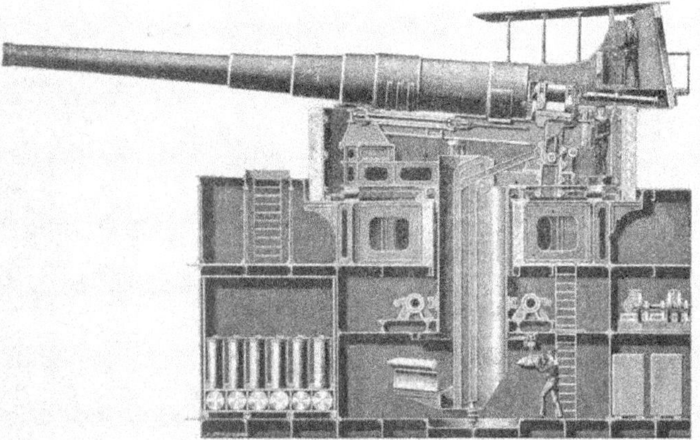

Fig. 39. — Canon Canet de 32 centimètres et coupe de la tourelle à barbette.

Chacun des coups tirés avec cette pièce revient à 7,500 francs!

Enfin, nous avons à l'étude ou en essai des canons modèles 87 et 88 qui donnent des résultats balistiques étonnants.

La partie fixe de l'affût est solidement fixée au pont au moyen de boulons, tandis que la partie mobile, celle

qui recule avec le canon, n'est reliée à la précédente
que par le frein dont nous avons parlé.

On sait qu'autrefois, tous les canons étaient mis en
batterie transversalement à l'axe du navire et que leurs
bouches sortaient au dehors par les sabords. Ce procédé
n'est plus suivi aujourd'hui pour les très gros canons,
car il faut que ces derniers, qui sont en très petit nombre
à bord, puissent tirer dans toutes les directions; aussi
ces bouches à feu sont-elles ordinairement placées sur
le pont supérieur, à l'intérieur de tourelles cuirassées,
protégeant la pièce et les servants. Le canon est dit installé en *barbette* quand sa volée passe au-dessus de la
tourelle ouverte à sa partie supérieure; ce dispositif a
l'inconvénient d'exposer les servants au tir plongeant, il
est souvent abandonné pour la tourelle à ciel blindé qui
tourne avec la pièce suivant l'orientation que l'on veut
donner à celle-ci.

On conçoit sans peine que le pointage et l'orientation
de semblables pièces et la manutention de leur chargement deviennent très difficiles à opérer surtout si l'on
veut agir avec célérité. Aussi confie-t-on ce soin à des
machines le plus souvent mues par puissance hydraulique. Une pompe à vapeur, placée sous la direction du
chef mécanicien, comprime, à une pression très élevée,

de l'eau dans un accumulateur chargé au moyen de poids ou par l'intermédiaire de ressorts. Cette eau comprimée peut être, suivant les besoins, envoyée dans des petits moteurs qui l'utilisent pour accomplir les ma-

Fig. 41. — Canon à tir rapide.

nœuvres des pièces ou de leurs projectiles. On peut ainsi, à l'aide d'un personnel très réduit, manier, comme en se jouant, les plus gros canons.

Indépendamment des très grosses pièces de 34 et 42 centimètres qui sont placées dans des tourelles sur le pont, les cuirassés portent des canons, très puissants encore mais de moindre calibre, placés en batterie dans le premier entrepont; on place souvent aussi à l'avant et à l'arrière deux pièces de 16 tirant en chasse et en retraite (fig. 39).

Canons à tir rapide et mitrailleuses. — Depuis une douzaine d'années, des canons d'un genre particulier ont fait leur apparition, qui ont surtout été institués comme armes défensives contre les torpilleurs ou les petits bâtiments à grande vitesse : ce sont les *canons à tir rapide* et les *mitrailleuses*.

Les canons à tir rapide et les mitrailleuses forment deux catégories bien distinctes : les premiers sont des bouches à feu à canon unique qui se chargent à main d'homme et présentent un calibre assez respectable (jusqu'à 15 cent.); les seconds ont généralement un chargement automatique, peuvent tirer un grand nombre de coups à la minute, possèdent souvent plusieurs canons et leur calibre, qui ne s'élève pas au-dessus de 50 milimètres, peut s'abaisser jusqu'à 12 milimètres (calibre de fusil).

Les canons à tir rapide sont des pièces destinées, comme leur nom l'indique, à fournir un tir précipité. Ils se distinguent des bouches à feu ordinaires par ce fait qu'ils se chargent au moyen de cartouches métalliques, absolument comme les fusils, la seule différence résidant dans les dimensions de la douille et la nature du projectile. Ce système a permis de simplifier beaucoup la mécanique de fermeture de la culasse puisqu'il n'y a plus besoin d'obturateur, l'étanchéité étant fournie par la douille métallique de la cartouche.

Les canons à tir rapide sont du système Hotchkiss, Nordenfelt, Canet, Maxim, Armstrong, etc.; le premier est à peu près seul usité en France. Ces armes, très perfectionnées au point de vue balistique, sont montées sur un pied boulonné au pont et supportées sur un petit affût à recul hydraulique. On les épaule comme un fusil au moyen d'une crosse garnie de caoutchouc et l'on tire au moyen d'une gâchette analogue à celle d'un fusil. Avec de semblables armes, on peut tirer jusqu'à 12 projectiles de 21 kilogrammes à la minute. Les projectiles peuvent être de nature différente : obus en fonte, obus à balles, obus de rupture, boîte à mitrailles. Le tireur est généralement abrité par un écran en acier fixé à l'affût.

Les mitrailleuses (en anglais *machine-guns* : canons mécaniques) sont de différents systèmes : *Gatling*, *Nordenfelt*, *Hotchkiss*, *Maxim*, etc.

Dans la marine française, on n'emploie guère que les *canons-revolvers Hotchkiss*. Ces petites pièces, comme leur nom l'indique, ressemblent beaucoup à un énorme revolver; le calibre le plus usité est celui de 35 millimètres. Elles sont montées sur un pied boulonné soit sur le pont, soit sur le bastingage, soit dans les hunes. On peut tirer pratiquement 200 coups à la minute.

La plus ingénieuse des mitrailleuses, la dernière venue, d'ailleurs, est celle inventée par M. Maxim (fig 42). On a utilisé la force de recul pour charger et tirer, de sorte qu'une fois le premier coup tiré, les décharges peuvent se succéder sans interruption, automatiquement, un seul homme étant nécessaire pour viser et orienter la pièce. L'alimentation de l'arme est obtenue par des procédés fort ingénieux qu'il ne nous est pas possible de décrire ici. Il nous suffira de dire que les cartouches sont fixées côte à côte sur un ruban de longueur indéfinie qui vient se dérouler en face de la culasse, après chaque coup, d'une quantité égale à la distance qui sépare les axes de deux cartouches consécutives. La cartouche est poussée dans le canon, tirée, extraite et immédiatement remplacée par une autre, le tout au moyen de la force du recul emmagasiné par des ressorts. On assure qu'avec une telle arme, on peut tirer jusqu'à 1.200 coups à la minute. Pour éviter l'échauffement du canon, ce dernier est enveloppé d'une chemise contenant de l'eau. C'est là un terrible engin de guerre destiné probablement à un grand avenir.

Très employée à l'étranger, la mitrailleuse Nordenfelt
permet aussi de tirer un très grand nombre de coups à
la minute. La plus rapide de ces armes comprend 12 canons juxtaposés, montés sur un châssis commun, d'un

Fig. 42. — Mitrailleuse Maxim.

calibre de fusil, et que l'on épaule, comme du reste le
Hotchkiss et toutes les pièces de cette catégorie, au
moyen d'une crosse garnie de caoutchouc. Cette arme
ne lance que des balles. On tire au moyen d'un levier
horizontal placé sous l'arme que l'on actionne d'un mou-

vement de va-et-vient alternatif et qui décharge, charge et fait partir le coup.

On se rend compte du nombre de projectiles que peut lancer en quelques minutes un cuirassé muni d'une vingtaine d'armes semblables. En présence d'une pareille grêle de balles et d'obus, les torpilleurs n'ont qu'à bien se tenir.

CHAPITRE III

Nous allons maintenant jeter un coup d'œil sur notre marine militaire et examiner brièvement quelle en est l'organisation, quelles sont les forces dont elle dispose pour la défense du pays.

La marine française est une des plus vieilles de l'Europe et c'est à son ancienneté qu'elle doit le plus clair de sa force, mais aussi les quelques défauts que l'on est contraint de lui reconnaître. Sa force, elle la doit aux viriles qualités de son personnel et aux solides traditions que lui donne son long et glorieux passé, que ne possèdent pas les jeunes marines : celle de l'Italie, par exemple. Sa faiblesse provient de la routine, de l'organisation démodée et défectueuse en bien des points de ses arsenaux, conséquence naturelle de leur existence trois fois séculaire. Mais, tout bien pesé, les qualités l'emportent, et de beaucoup. On n'improvise pas des traditions, un corps d'officiers et de marins pliés à la discipline, à l'esprit de devoir, habitués aux choses de la mer, tandis que des réformes intelligentes auraient vite fait de réorganiser l'administration, de l'assouplir aux exigences modernes et de renouveler l'outillage des arsenaux.

D'ailleurs, on confie aujourd'hui beaucoup de travaux à l'industrie privée, contrainte depuis longtemps par la concurrence de mettre son matériel au niveau de l'époque et à rechercher le progrès par tous les moyens. La marine a trouvé là un puissant auxiliaire qui construit à meilleur compte et plus vite que ses arsenaux et dont le concours lui est assuré en temps de guerre.

Le haut personnel de la marine se divise en *officiers de vaisseau* proprement dits qui, à égalité de grade, ont rang sur les autres et sont seuls admis au commandement en mer, et en officiers des corps auxiliaires : *ingénieurs, médecins, mécaniciens* et *commissaires*.

Les officiers de vaisseau ne portent comme insignes distinctifs que des galons d'or sur les manches, tandis que les officiers des corps auxiliaires ont au-dessous de ces galons, placés plus près du poignet, des bordures en velours noir, rouge ou bleu foncé suivant leur spécialité ; les commissaires portent les galons comme les officiers de vaisseau, mais ces galons sont en argent.

Le recrutement des officiers de marine se fait en France

par quatre sources différentes, mais la première d'entre
elles, l'*École navale*, est de beaucoup la plus importante,
les autres n'interviennent en réalité qu'accessoirement.
Ces quatre sources sont :

L'*École Navale*, est établie sur le *Borda*, bâtiment
mouillé en rade de Brest, sous le commandement d'un
capitaine de vaisseau. Les jeunes gens y sont admis entre
14 et 18 ans, après concours effectué à Paris et suivi d'un
classement. La période d'instruction dure deux ans; après
quoi, les élèves qui en sont jugés dignes après concours
reçoivent le titre d'*aspirants de seconde classe* (*midships
de seconde*, comme ils s'appellent entre eux) et partent
pour une campagne d'un an sur un bâtiment spécial
faisant fonction d'école d'application. Les aspirants de
deuxième classe ne jouissent pas de l'état d'officier. A leur
sortie de l'École d'application, ils sont nommés, si on les
en trouve dignes, *aspirants de première classe* et sont,
dès lors, assimilés aux lieutenants en second d'artillerie.

L'*École polytechnique*, qui peut fournir quatre aspirants de première classe par an, parmi ses élèves classés
dans les services publics.

Les *premiers maîtres*, qui peuvent être nommés *enseignes* après examen. Un cours préparatoire est organisé
pour eux à la division de Brest.

Enfin les *capitaines au long cours* qui peuvent être admis comme enseignes auxiliaires mais jamais employés à terre.

De ces quatre sources, en pratique, les deux premières fournissent seules les officiers supérieurs; les officiers sortis du rang ayant un avancement plus lent encore que dans l'armée de terre.

Un aspirant de première classe peut être nommé *enseigne* après deux ans de séjour comme aspirant de première classe sur un bâtiment de l'État.

Le grade immédiatement plus élevé, celui de *lieutenant de vaisseau*, est donné aux enseignes ayant au moins deux ans de présence sur des navires de l'État, armés.

Le lieutenant de vaisseau devient *capitaine de frégate* au bout d'un temps plus ou mois long, quelquefois une quinzaine d'années, bien que, théoriquement, il suffise, pour mériter ce grade, d'avoir passé quatre ans sur les navires de l'État, dont deux à la mer.

Pour passer du grade de capitaine de frégate à celui de *capitaine de vaisseau*, il faut avoir, d'après les règlements, au moins trois ans de mer comme capitaine de frégate dont un avec commandement; ajoutons que les délais usuels sont beaucoup plus longs à cause de l'obstruction des cadres.

Pour ceux de nos lecteurs à qui ces grades ne seraient pas familiers, nous rappellerons que les aspirants de première classe sont assimilés aux lieutenants en second d'artillerie, les enseignes aux lieutenants en premier, les lieutenants de vaisseau aux capitaines, les capitaines de frégate aux lieutenants-colonels, les capitaines de vaisseau aux colonels, c'est dire que ces différents officiers portent de un seul à cinq galons.

Au-dessus des grades que nous venons d'indiquer, se trouvent : les *contre-amiraux* qui sont assimilés aux généraux de brigade et les *vice-amiraux* assimilés aux généraux de division. On ne crée plus de titulaires au grade d'*amiral*, correspondant à celui de maréchal.

L'avancement des officiers se fait partie au choix, partie à l'ancienneté. Le choix s'exerce au moyen du tableau d'avancement ou d'office par l'intermédiaire du ministre pour services exceptionnels; l'ancienneté résulte du rang d'inscription sur l'annuaire.

Les officiers de vaisseau, particulièrement les lieutenants, peuvent embrasser les spécialités de *canonniers*, *fusiliers* ou *torpilleurs*; nous y reviendrons plus loin.

Passons maintenant à l'examen sommaire du corps auxiliaire.

Ce corps comprend deux *mécaniciens-inspecteurs*,

assimilés aux capitaines de vaisseau, les *mécaniciens en chef* assimilés aux anciens capitaines de corvette, 70 *mécaniciens de première classe* assimilés aux lieutenants de vaisseau et 160 de *deuxième classe* assimilés aux enseignes. Les mécaniciens-inspecteurs restent à terre et les mécaniciens en chef servent comme mécaniciens d'escadre ou de division et à bord du bâtiment amiral; ils surveillent les appareils de tous les bâtiments qui composent la force armée. Ils servent à terre suivant les besoins.

Les officiers du *Génie maritime*, plus connus sous celui d'ingénieurs de la marine, sont chargés de la direction des travaux dans les arsenaux, de la préparation des plans du matériel, coques et machines. Les officiers du Génie maritime, comme leurs collègues du Génie militaire, se recrutent parmi les élèves sortant de l'École polytechnique; ils doivent passer deux ans à l'École d'application, qui, par une bizarrerie assez inexplicable, est située à Paris, avant d'être nommés *sous-ingénieurs de troisième classe*, le premier grade de leur carrière.

Au premier janvier 1890, les cadres des officiers de marine étaient ainsi composés : Aspirants de première classe, 140; enseignes de vaisseau, 420; lieutenants de vaisseau, 700; capitaines de frégate, 200; capitaines de vaisseau, 100; contre-amiraux, 30 au plus; vice-amiraux, 15 au plus.

Maintenant que nous avons sommairement passé en revue la composition du personnel de notre marine, nous dirons un mot de l'organisation des ports militaires.

La France est divisée en cinq arrondissements maritimes : Cherbourg, Brest, Lorient, Rochefort, Toulon. A la tête de chacun de ces arrondissements est un *préfet maritime*, fonction dévolue à un vice-amiral. Chacun des cinq ports que nous avons nommés possède un arsenal qui se trouve, avec ses dépendances, sous les ordres du *major général*, lequel est toujours un contre-amiral; c'est le chef du personnel. Sous son commandement se trouvent sept officiers supérieurs de chacun desquels dépend une partie de l'arsenal rentrant dans la spécialité à laquelle il appartient, ce sont : un *major général*, un *major de la flotte*, un *directeur des mouvements du port*, un *directeur des constructions navales*, un *directeur de l'artillerie*, un *commissaire général*, un *médecin en chef*.

La flotte française. — La France possède à l'heure actuelle 28 cuirassés d'escadre, 9 cuirassés de croisière et 10 garde-côtes cuirassés. Il est juste d'ajouter que ce ne sont pas tous des navires d'un modèle récent, que plusieurs sont en bois et ne filent guère plus de 13 nœuds. Les derniers mis à l'eau sont, au contraire en acier, très puissants et bien armés, leur vitesse atteint jusqu'à 16 nœuds.

En outre, notre marine comporte 5 croiseurs cuirassés actuellement en construction, 9 croiseurs à batterie, 12 croiseurs de première classe, 15 croiseurs de deuxième classe, 16 croiseurs de troisième classe, dont plusieurs en construction, 6 croiseurs torpilleurs, 8 canonnières cuirassées de première, et de seconde classe.

Il faut ajouter à cette liste 16 canonnières, 12 avisos de première classe et 9 de seconde, 17 chaloupes-canonnières à hélice et 14 à roues, 21 avisos de deuxième classe à roues et 13 avisos-torpilleurs et un nombre respectable de torpilleurs et de transports.

Nous décrirons sommairement un certain nombre de navires appartenant à ces différentes catégories et choisis parmi ceux qui sont les plus récents ou les plus capables de fixer l'attention. Nous commencerons naturellement par les cuirassés.

L'Amiral Duperré. — L' « Amiral Duperré » est un cuirassé en fer et acier, ayant 94^m,83 de longueur et déplaçant 10.500 tonnes, construit de 1876 à 1881 par les

Forges et Chantiers de la Méditerranée suivant les plans de M. Sabattier. C'était hier encore le plus puissant et le mieux armé de nos bâtiments de guerre; malgré les progrès réalisés dans la construction des géants actuelletmen en armement ou en essais, c'est encore pour notre marine un des plus beaux fleurons de sa couronne.

Ce bâtiment est en acier, sauf l'étrave, l'étambot et le bordé. La coque est divisée en de

Fig. 43. — L'escadre française en rade de Villefranche.

nombreux compartiments par une cloison étanche longitudinale et médiane et par un grand nombre de cloisons étanches transversales. Le maître-couple affecte la forme si chère à nos ingénieurs des constructions navales et renouvelée des vieux vaisseaux à voile de Sané, le pont supérieur étant beaucoup moins large que la flottaison et présentant, par rapport au pont de la batterie, une rentrée de $2^m,40$ environ. L'avant, très fin, se termine par un éperon; le fond est à peu près plat.

Le cuirassement est limité à une ceinture qui s'étend à la flottaison sur toute la longueur, à un pont cuirassé se raccordant avec la partie supérieure de cette ceinture, et au blindage des tourelles contenant les gros canons. Au milieu, la ceinture présente une épaisseur de 55 centimètres, tandis que, dans les bouts, elle n'a que 25 centimètres. Sa hauteur est de $2^m,36$; elle émerge, au tirant d'eau moyen, de $0^m,760$ environ. Tout le reste du bâtiment se trouve sans protection, mais les œuvres vives, les plus importantes en réalité, celles dont la perforation peut entraîner la perte du bâtiment, paraissent bien défendues.

Sur le pont supérieur se trouvent quatre tourelles fixes, à barbette : deux vers l'avant, placées de part et d'autre en abord, en face l'une de l'autre et faisant saillie sur les côtés, une autre vers le milieu, la dernière enfin, également dans l'axe du navire, et en arrière du mât de misaine. Dans chacune de ces tourelles, est installé un canon de 34 centimètres pesant 48 tonnes et manœuvré par puissance hydraulique. L'intérieur des tourelles est abrité contre les projectiles de la petite artillerie par un écran en acier.

En outre de ces grosses bouches à feu, on a disposé, dans la batterie, quatorze canons de 14 centimètres, tirant par des sabords, un canon de 16 à l'avant tirant en chasse, dix-huit canons-revolvers et six canons à tir rapide.

Ce bâtiment est muni d'une commande de gouvernail à vapeur que l'on peut manœuvrer de la passerelle arrière tandis que la tourelle de combat, également cuirassée, où se tient le commandant et où aboutissent les télégraphes ou les transmetteurs d'ordres, se trouve vers l'avant entre les deux tourelles du milieu.

L'*Amiral Duperré* est actionné pardeux hélices jumelles commandées par deux machines Compound verticales à pilon, à trois cylindres, alimentées par douze chaudières cylindriques. La vitesse de ce bâtiment, lorsque son appareil moteur développe environ 6,000 chevaux, est de 14^{nds},2.

A l'origine, ce vaisseau portait une mâture complète de trois mâts carrée, mais, depuis, on a sacrifié l'élégance à la mode du jour et l'on a remplacé la mâture primitive par des mâtereaux aux hunes blindées munies de canons-revolvers.

La Dévastation. — Ce bâtiment, lancé en 1879, à Lorient, a été construit suivant les plans de M. de Bussy (fig. 44). En voici les dimensions principales :

	Mètres.
Longueur à la flottaison	94,86
Largeur extrême	21,25
Creux au pont principal	8,25
Tirant d'eau moyen	7,34
Déplacement	9,700 t.

Comme l'*Amiral Duperré*, la *Dévastation* est en acier avec bordé en fer suivant les idées qui prévalaient à l'époque où ils furent construits. Les cloisons étanches sont disposées de la même manière dans les deux bâtiments.

La *Dévastation* est un navire à *réduit;* les quatre gros canons de 32 sont placés dans une sorte de château central cuirassé qui fait partie de la coque elle-même. Le reste de l'armement se compose de quatre canons de 27, de six de 14, de vingt canons-revolvers et de deux canons à tir rapide de 47 millimètres.

Les quatre grosses pièces sont manœuvrées par pression hydraulique au moyen de machines du système Rendel.

La cuirasse se compose, comme pour le vaisseau précédent, d'une ceinture de vingt-quatre centimètres placée à la flottaison et faisant le tour du bâtiment.

Ce cuirassé est actionné par deux hélices mues chacune

Fig. 44. — La *Dévastation*.

par une machine Compound à pilon ; la vitesse atteint 15ⁿᵈ,17 pour 8,000 chevaux.

L'Amiral Baudin. — C'est un des plus modernes et des plus puissants de nos cuirassés à flot (fig. 45).

Ce bâtiment mesure 100ᵐ,40 de longueur et 21ᵐ,34 de largeur sur 10 mètres de creux ; il déplace 11,500 tonneaux. La cuirasse est composée d'une ceinture en acier de 55 centimètres d'épaisseur au milieu et de 40 centimètres dans les bonts; trois gros canons de 37 sont placés en barbette dans des tourelles cuirassées situées suivant l'axe du pont supérieur.

Toute la coque, sauf le bordé, est en acier. L'avant se termine par un éperon.

L'appareil moteur double qui actionne les deux hélices se compose de deux machines Compound à trois cylindres qui ont, aux essais, développé, à tirage forcé, une puissance de 8,260 chevaux, à la vitesse de $15^{nb},22$.

En plus des trois gros canons de 37 qui pèsent 53 tonnes chacun, l'*Amiral Baudin* porte six canons de 14, deux canons de 19, deux canons de 65, douze canons-revolvers et quatre canons à tir rapide de 47 millimètres.

La mâture se compose de deux mâts en tôle d'acier, creux, munis de plusieurs hunes portant des mitrailleuses.

L'*Amiral Baudin*, commencé à Brest en 1879, a été lancé en 1883; il a été suivi de plusieurs autres cuirassés qui sont ou seront, après achèvement, les plus importants de notre marine, à savoir : le *Formidable*, lancé en 1885; le *Marceau*, lancé en 1884 à la Seyne; le *Hoche*, lancé à Lorient en 1887 ; le *Neptune*, mis à l'eau la même année à Brest et le *Magenta* que l'on termine à Toulon. Ces énormes vaisseaux qui déplacent de 10,500 à 11,000

45. — L'Amiral Baudin.

tonnes et sont mûs par des machines de 11,000 chevaux
environ, fileront entre 16 et 17 nœuds. Le premier d'entre
eux porte deux canons de 37 centimètres, les autres sont
armés de deux à quatre canons de 34 et d'un grand nombre de canons de 14 outre une douzaine de canons à tir

Fig. 46. — Le *Sfax*.

rapide et autant de canons-revolvers. La cuirasse du
Formidable atteint jusqu'à 55 centimètres d'épaisseur,
celle des autres navires a 45 centimètres au plus. Les
équipages de ces bâtiments sont de 665 hommes.

Sauf le bordé, la coque de ces bâtiments est entièrement en acier et construite d'après le système cellulaire

avec double fonds. Ils comportent tous un éperon sur l'avant.

Le Sfax (fig. 45). — Ce croiseur, lancé en 1884, a 88^m,30 de longueur sur 15 mètres de largeur et environ 7 mètres de tirant d'eau. Ce navire, d'un type intermédiaire entre les croiseurs *Tourville* et *Nayade*, est entièrement en acier, à deux hélices, il file 16^{nds},80.

La coque est construite suivant le système cellulaire et la carène est revêtue d'un bordé en bois dur recouvert de cuivre, ce qui permet à ce bâtiment d'effectuer des croisières lointaines sans que les œuvres vives se recouvrent d'une épaisse couche de coquillages et d'herbes marines, lesquels pourraient diminuer sa vitesse dans une proportion considérable.

Les parties vitales du bâtiment : soutes à munitions, machines et chaudières, sont protégées par un pont cuirassé en acier de quatre centimètres d'épaisseur. La protection est complétée par ce fait que l'on a disposé, entre le pont cuirassé et le pont immédiatement supérieur, une série de compartiments étanches, offrant un volume de 30 mètres en moyenne environ, utilisés, pour la plupart, comme soutes à charbon ; ceux d'entre eux qui ne reçoivent point de combustible sont remplis de cellulose ; de cette façon, si le bordé est percé, sous la flottaison, l'eau ne saurait remplir les compartiments. Le tout forme autour des machines une ceinture protectrice certainement efficace.

L'armement du *Sfax* se compose de six canons de 16 centimètres placés sur le pont des gaillards; quatre d'entre eux sont disposés dans des sortes de demi-tourelles en encorbellement à l'extérieur, ce qui permet de leur donner un angle de tir considérable. Dans la batterie, on a placé 10 canons de 14 centimètres. Citons encore dix canons-revolvers et quatre canons à tir rapide de 47 millimètres.

L'appareil moteur, qui se compose de deux machines Compound horizontales, a développé aux essais une puissance de 6,500 chevaux.

L'équipage, qui comprend 473 hommes, est logé sous le gaillard et la batterie.

Le Tage. — Ce croiseur, du type dit à *batterie*, a été construit à Saint-Nazaire en 1888; il constitue une excellente addition à notre flotte, assez pauvre jusqu'à ce jour en croiseurs rapides.

Le *Tage* a 118^m,80 de longueur, 16^m,40 de largeur extrême, 7^m,40 de tirant d'eau arrière et 7,045 tonnes de déplacement. C'est un bâtiment en acier à double hélice, protégé par un pont cuirassé qui abrite toutes les parties vitales et surtout les machines et chaudières. La flottabilité est assurée par des compartiments étanches, très nombreux. remplis de cellulose et formant ceinture.

L'appareil moteur, qui a développé une puissance de 12,500 chevaux environ, est horizontal et à triple expansion. Cette machine est alimentée de vapeur par douze grandes chaudières à retour de flamme comprenant en tout 32 foyers et trois cheminées.

L'armement se compose de dix canons de 14 centimètres, de huit canons de 16 centimètres, de 14 canons-revolvers et de cinq canons à tir rapide de 47 millimètres.

Le *Tage* a filé 19 nœuds aux essais.

Le Milan. — Le *Milan*, construit en 1884 par l'industrie privée, est un des bâtiments les plus rapides de notre marine. C'est un navire en acier, à deux hélices, qui, d'abord classé dans la catégorie des éclaireurs d'escadre, est aujourd'hui rangé parmi les croiseurs de seconde classe. L'avant de ce bâtiment se termine par un véritable éperon dont le but est surtout d'allonger les lignes d'eau. Le maître-couple, très plat, se prolonge en dessous par une quille très haute.

L'épaisseur moyenne du bordé est de 15 millimètres. Les membrures sont formées par des fers en U que consolident des tirants obliques en cornières. Il y a deux ponts partiellement bordés en acier.

La coque est partagée suivant sa longueur par deux cloisons étanches et par dix cloisons longitudinales.

Le gréement se compose de trois petits mâts sans vergues, mal proportionnés, et qui donnent une mauvaise apparence au navire. Nos ingénieurs, qui savent dessiner des lignes d'eau savantes et disposer l'artillerie à bord des bâtiments, n'ont pas le goût marin et cela se remarque surtout dans des navires fins et élancés qui ne peuvent emprunter aucune majesté à leurs proportions trop restreintes. Toute notre flotte de croiseurs et de canonnières est, à peu d'exceptions près, parfaitement horrible, et cela inutilement, sans que les susdits navires y aient gagné quoi que ce soit.

Les appareils moteurs du *Milan*, du type horizontal à bielle directe, sont entièrement placés sous le pont inférieur et au-dessous de la flottaison. Ils se composent de quatre groupes de machines Compound croisées dans le sens horizontal et attelées deux par deux sur deux arbres d'hélice indépendants. Les deux hélices de l'avant peuvent être débrayées à volonté de manière à ne marcher qu'avec les machines arrière lorsque l'on ne veut pas obtenir le maximum de vitesse.

L'appareil évaporatoire, du système Belleville, est divisé en deux groupes indépendants, comprenant chacun une cheminée.

Aux essais officiels, le *Milan* a donné une vitesse de 18^{nds},5 correspondant à une puissance de 4,000 chevaux et à un nombre de tours moyen de 155 par minute.

L'armement se compose de six canons de 10 centimètres, d'un canon de 65 millimètres, de deux canons de 47 millimètres, de huit canons-revolvers et de deux affûts lance-torpilles.

Canonnières cuirassées. — La France possède quatre canonnières cuirassées de première classe, dont deux ne sont pas entièrement achevées à l'heure où nous écrivons. Ces quatre bâtiments sont l'*Achéron*, le *Cocyte*, le *Phlégéton* et le *Styx*, tous noms empruntés à la mythologie et peu réjouissants. Leurs dimensions diffèrent un peu : voici celles du premier de ces bâtiments : longueur 55^m,20, largeur 12^m,30, déplacement 1,640 tonnes.

Ces canonnières sont cuirassées à la flottaison par une ceinture en acier de 24 centimètres d'épaisseur et par un pont cuirassé de 45 millimètres. Sur le pont, vers l'avant, se trouve une tourelle blindée par une cuirasse en acier de 195 millimètres, d'épaisseur et qui contient un canon de 27. En outre de cette bouche à feu, l'armement se compose de trois canons de 10 dans les gaillards, de deux canons à tir rapide de 47 millimètres, et de quatre canons-revolvers.

Ces canonnières sont actionnées au moyen d'hélices

Fig. 47. — Le *Colbert.*

jumelles commandées par des machines horizontales Compound qui développent 1,700 chevaux à 135 tours et communiquent au bâtiment une vitesse de 13 nœuds.

Ces bâtiments, assez bien conçus, mais horriblement disgracieux, ne comportent qu'un seul mât militaire placé un peu en avant de la cheminée.

Transports. — De toutes les marines militaires, la marine française est celle qui possède le plus grand nombre de transports. Elle en possède même beaucoup trop, car l'argent dépensé pour leur construction eût été mieux employé à l'acquisition de navires de combat, tandis que le transport des troupes ou des munitions pourrait être assuré à meilleur compte par des steamers affrétés à nos compagnies de transport. C'est du reste ce que l'on commence à reconnaître en haut lieu.

Les transports de la marine française appartiennent à plusieurs types différents comme tonnage, vitesse, aménagement intérieur et gréement. Les plus grands appartiennent au type *Bien-Hoa* qui a été reproduit à plusieurs exemplaires. D'autres transports plus petits (du type *Isère*) sont reconnaissables à ce qu'ils ont la cheminée à l'arrière, entre le grand mât et le mât d'artimon.

Les plus élégants de nos transports appartiennent à la catégorie des *transports-avisos*. Ce sont de bons et beaux bateaux de mer.

Tous ces transports sont en général installés comme des navires de commerce, avec de vastes cales pour les marchandises. Les grands bateaux de cette classe, à plusieurs ponts, sont aménagés pour le transport des troupes. Ils sont armés de quelques canons de 14 et de canons-revolvers.

Nous venons de décrire quelques bâtiments de la marine française pouvant servir de types pour chacune des catégories auxquelles ils appartiennent ; malheureusement, le cadre restreint de ce livre nous a obligé à passer sous silence un grand nombre de navires fort intéressants : des cuirassés comme le *Courbet*, le *Formidable* et le *Marceau*, des croiseurs comme le *Cécille*, l'*Alger* et le *Surcouf*, des canonnières, des transports et des avisos, mais nous avons dû nous rappeler le conseil classique, qui ne sut se borner...!

Fig. 48. — La *Victorieuse.*

Nous allons maintenant examiner quelques-unes des principales marines étrangères et décrire dans le même ordre que pour nos bâtiments, un certain nombre des navires les plus remarquables qu'elles comprennent.

CHAPITRE III

Marine britannique.

La marine anglaise est et restera sans doute longtemps encore la première du monde, grâce aux sacrifices que le pays s'impose sans hésitation dès qu'il s'agit d'assurer sa défense maritime et de protéger ses côtes. C'est surtout une conséquence de la situation géographique de la Grande-Bretagne et du génie mercantile de son peuple, qui a étendu de toutes parts sa colonisation, et dont les immenses flottes commerciales demandent protection jusque dans les mers les plus éloignées. D'ailleurs, l'Angleterre n'ayant qu'une armée restreinte par comparaison avec celles des grandes puissances continentales, a pu reporter sur la marine toutes ses forces et tous ses capitaux. Nulle part, d'ailleurs, la marine n'est aussi populaire, et dans aucun autre pays ne s'occupe-t-on autant dans le public des choses de la mer; tout le chauvinisme de nos voisins s'est reporté du côté de leur prééminence maritime.

Actuellement, l'effectif de cette imposante marine se décompose ainsi qu'il suit :

50 cuirassés d'escadre dont 19 à batterie d'ancien modèle. Quelques-uns de ces bâtiments sont parmi les plus puissants qui existent, déplacent 14,000 tonneaux, possèdent des machines de 13,000 chevaux et filent 17 nœuds.

12 croiseurs cuirassés dont plusieurs filent 18 nœuds.

12 garde-côtes cuirassés, anciens sauf le *Sans-Pareil* et le *Trafalgar*, datant de 1887, qui déplacent respectivement 10,000 et 12,000 tonneaux.

11 croiseurs de première classe, dont beaucoup en construction, qui seront actionnés par des machines de 12,000 chevaux et fileront 20 nœuds.

37 croiseurs de seconde classe dont plusieurs sur chantiers, à l'heure où nous écrivons et qui fileront 20 nœuds.

30 croiseurs de troisième classe dont beaucoup de vieux bateaux; les plus rapides de cette catégorie filent 16 nœuds.

2 avisos à grande vitesse qui datent de 1885 et filent 17 nœuds.

10 corvettes.

30 canonnières de première classe filant de 11 à 14 nœuds, et 67 de troisième classe.

14 transports et 9 vaisseaux écoles.

20 avisos et yachts.

22 croiseurs-torpilleurs filant de 16 à 20 nœuds.

5 avisons-torpilleurs filant 20 nœuds.

80 torpilleurs de première classe filant de 16 à 23 nœuds et 59 de deuxième classe qui filent de 15 à 20 nœuds.

Nous allons décrire successivement quelques-uns des navires les plus connus de la marine anglaise.

L'Inflexible. — Ce navire, qui n'est pas tout neuf puisqu'il a été armé en 1881, est intéressant à étudier parce qu'il représente un type inconnu dans notre marine, parce qu'il a été à la fois et vanté outre mesure et fortement critiqué, et parce qu'il a pris part, peu de temps après son achèvement, au bombardement d'Alexandrie, ce qui a permis de mesurer la puissance extraordinaire de l'artillerie moderne de gros calibre.

L'*Inflexible* est un cuirassé à tourelles de premier rang mesurant 96 mètres de longueur sur $22^m,5$ de largeur, déplaçant 11,880 tonnes, et mû par une machine de 8,000 chevaux; il ne file que $13^{nds},8$.

La particularité qui distingue surtout les navires de la classe à laquelle appartient l'*Inflexible*, c'est la présence, au milieu du bâtiment, d'une sorte de citadelle cuirassée, au pont également blindé, placé au-dessus des machines et chaudières, et sur laquelle sont installées deux tourelles en échelon. Ce réduit central, qui mesure 33 mètres de longueur et 4^m,80 de hauteur, est cuirassé par des plaques de 60 centimètres au milieu et de 40 centimètres dans les bouts. Le tout se termine à l'avant et à l'arrière par une sorte de flotteur qui continue les formes du navire, mais s'élève très peu au-dessus de l'eau et qui, non protégé, ne sert en réalité qu'à supporter le reste. Sur ces parties formant les deux extrémités, on a placé des superstructures moins larges que le pont sur lequel elles reposent, et servant aux aménagements, la partie comprise sous le pont supérieur ne servant qu'à recevoir les approvisionnements de charbon. Ces superstructures donnent au premier abord une impression fausse en faisant paraître l'*Inflexible* plus haut qu'il ne l'est en réalité.

L'armement se compose de quatre canons de 40 centimètres placés deux à deux dans les tourelles et pesant chacun 80 tonnes. Ces canons se chargent par la bouche suivant un errement longtemps suivi en Angleterre où le chargement par la culasse était proscrit pour les grosses bouches à feu comme contraire à la solidité des culasses. Bien que n'étant pas de date très récente, ces canons sont très puissants et ils l'ont montré à Alexandrie où leurs obus de 850 kilogrammes lancés par une charge de poudre de 225 kilogrammes ont produit des effets destructeurs étonnants. Un seul de ces projectiles a mis hors de service toutes les pièces du fort *Ras-el-Tin*.

Fig. 49. — La *Romanche*.

En outre de ses gros canons, l'*Inflexible* porte huit canons de calibre plus petit et dix-huit mitrailleuses.

Ce vaisseau, commencé en 1874, a coûté 23,500,000 francs.

Le Benbow. — Le *Benbow* (fig. 50) est le quatrième bâtiment du type *Admiral*, mais son déplacement est un peu supérieur à celui des autres vaisseaux de la même classe : il atteint 10,000 tonnes. Voici, du reste, les dimensions principales de la coque :

Longueur de tête en tête . . . . . . 100^m,57
Largeur. 20,880
Creux. 11,010
Tirant d'eau arrière 8,500
Déplacement en charge. . . . . . . 10,000 tonnes

La coque est divisée en 190 compartiments étanches; elle est protégée à la flottaison par une cuirasse étroite qui s'étend sur moitié environ de la longueur. Le double-fond est prolongé de chaque côté, un peu au-delà des cloisons étanches extrêmes du château central. En outre, une plateforme étanche s'étend au-dessus des cales sur toute la longueur du navire. C'est entre cette plateforme et un faux-pont métallique, à l'épreuve des petits projectiles, placé sous la flottaison, que sont situées les chaudières, les machines et la soute aux poudres. Comme nous venons de le dire, le blindage s'étend au milieu sur une longueur de 45^m,72, son épaisseur est 0^m,457, il plonge de 1^m,524 et émerge de 0^m,761 : la zône extérieure est en acier. Au-dessus de la partie du navire ainsi défendue, on a disposé un pont cuirassé construit en deux épaisseurs de tôle et revêtu d'une paroi métallique de 0^m,050. Sur les côtés et aux extrémités du château, ce pont blindé se recourbe vers le bas de manière à rejoindre la cuirasse extérieure; il se trouve en moyenne à 0^m,914 au-dessous de la flottaison.

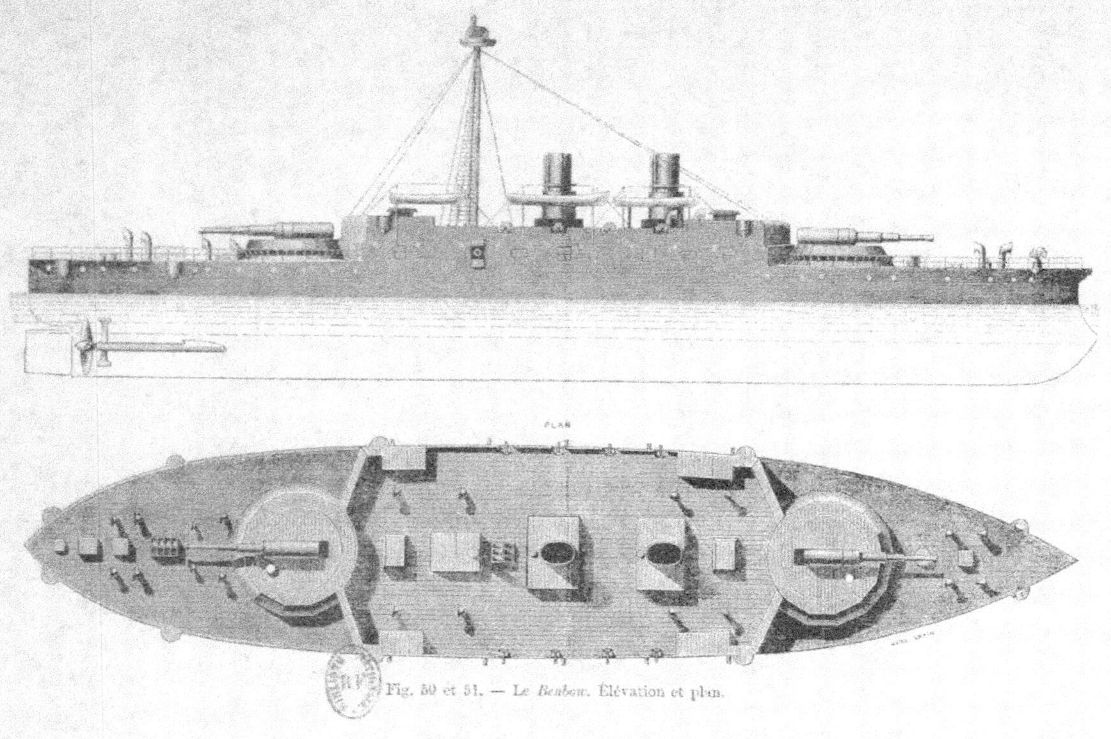

Fig. 50 et 51. — Le *Benbow*. Élévation et plan.

Sous ce pont blindé se trouve, dans la chambre des machines et chaudières, un pont abri en tôle d'acier, plus mince, dont le but est d'empêcher les fuites d'air de la chaufferie lorsque l'on marche à tirage forcé et que l'appareil moteur est poussé à outrance. Les extrémités transversales du château sont protégées par un blindage de 40 centimètres.

Les murailles du navire, au centre, dans la partie où se trouvent les batteries, ne sont pas cuirassées, mais simplement formées par des tôles d'acier de 25 millimètres, de telle sorte que les hommes placés derrière ne sont protégés que contre les projectiles des canons-revolvers. Toutefois, quand les soutes latérales sont pleines, elles forment un matelas de charbon qui a $2^m,75$ d'épaisseur.

Outre ces soutes et le bordé, on a ménagé, de chaque côté, une coursive de $1^m,85$ de largeur. Le long de la paroi extérieure des soutes sont suspendues de grandes bâches en toile à voile qui, dans le cas où un projectile percerait la coque, viendraient s'appliquer sur le trou et diminueraient considérablement l'invasion de l'eau.

Des soutes de 40 centimètres de largeur s'étendent aussi transversalement à chaque extrémité du château.

Les chaînes d'ancres sont arrimées dans quatre puits

très profonds en tôle et étanches dont la longueur est de 4ᵐ,60.

Les deux gros canons sont placés chacun dans une tourelle à barbette ayant une largueur de 13ᵐ,70 et une longueur de 18ᵐ,20. En projection horizontale, elles affectent la forme d'une raquette, la partie opposée à la culasse de la pièce étant allongée pour faciliter le chargement. Ces tourelles sont protégées par un blindage dont la zône extérieure est en acier; l'épaisseur est de 355 millimètres. Les portions du revêtement qui se présentent obliquement à une trajectoire sensiblement horizontale n'ont que 0ᵐ,305.

Dans chaque tourelle, un puits, recouvert d'une cuirasse en fer de 0ᵐ,505 assure les communications avec les soutes à poudre et obus placées dans l'entrepont.

Les officiers de quart et l'homme de barre sont abrités dans une tour cuirassée de 355 millimètres d'épaisseur située en arrière de la barbette avant. On y a disposé le servo-moteur du gouvernail, des transmetteurs d'ordres et des tuyaux acoustiques communiquant avec toutes les parties du navire.

Les deux hélices sont actionnées par une paire de machines Compound à trois cylindres développant 10,000 chevaux à tirage forcé.

Les chaudières, au nombre de douze, sont tubulaires, à retour de flamme et ovales; elles sont disposées transversalement à l'axe du navire, sur deux rangées, avec la chaudière au milieu.

En dehors des deux moteurs principaux, il y a, dans la chambre des machines et chaudières, 22 petits-chevaux sans compter ceux du pont et de la manœuvre.

Le *Benbow* porte deux énormes canons de 110 tonnes se chargeant par la culasse, les plus pesants qui aient été à la mer, du moins au moment où ce bâtiment termina son armement. Le projectile pèse 900 kilogrammes environ et la charge de poudre 450 kilogrammes. Un monte-charge hydraulique, disposé dans chacun des puits blindés, dont nous avons parlé, permet d'élever facilement les obus et les gargousses, du magasin qui les contient dans la tourelle. La longueur de ces canons monstrueux est de 13^m,258; leur calibre atteint 425 millimètres. La vitesse initiale est de 615 mètres par seconde, ce qui donne une puissance perforatrice suffisante pour traverser une plaque en fer forgé de 0^m,775.

Sur le pont supérieur se trouvent huit canons-revolvers et quatre mitrailleuses Nordenfelt. Dans de petites tourelles saillantes on a disposé quatre autres Nordenfelt à quatre canons de 25 millimètres.

Dans le château central, sur le pont principal, il y a dix canons de 152 millimètres disposés en batterie; les deux canons extrêmes de chaque côté pouvant tirer en chasse. Dans ce même entrepont, sont aussi quatre canons-revolvers et six mitrailleuses. Sur le pont principal, il y encore quatre Nordenfelt du calibre de 114 millimètres. Des tubes lance-torpilles sont ménagés à l'avant, à l'arrière et sur les côtés. Le mât unique porte une hune où sont placées deux mitrailleuses.

Outre sept embarcations ordinaires, ce bâtiment est muni de : un torpilleur de seconde classe, un canot-vedette de 14^m,60, une pinasse à vapeur de 11^m,30 et un canot à vapeur de 12^m,80.

Au point de vue des dispositions d'ensemble, le *Benbow* est un cuirassé du type à citadelle centrale, à éperon, sans mâture, avec blindage dans la partie centrale et particulièrement à la flottaison. Les extrémités avant et arrière ne sont donc point protégées et dans le cas où ces parties seraient atteintes, la flottabilité du bâtiment ne repose que dans son cloisonnement et dans quelques artifices tels que l'addition de compartiments remplis de cellulose; c'est d'ailleurs là un défaut inhérent à presque tous les cuirassés, à quelque nationalité qu'ils appartiennent.

Le *Benbow* constitue une addition formidable à la flotte de guerre anglaise bien que l'on puisse se livrer à quelques critiques sur la conception générale de ce navire. Il est puissamment armé, plus qu'aucun vaisseau de notre marine, sinon comme nombre, du moins comme grosseur de canons. Il offre, en outre, un exemple de la tendance actuelle de l'Amirauté anglaise à augmenter considérablement le nombre des canons-revolvers et des pièces à tir rapide à bord de ses cuirassés.

Nous décrirons maintenant, comme exemples, deux des croiseurs les plus récents de la marine anglaise, appartenant à des catégories bien distinctes.

L'Impérieuse. — Ce bâtiment, comme son *sister-ship* le *Warspite*, appartient à la catégorie des croiseurs protégés de première classe. Il se distingue par ses quatre réduits cuirassés pour les grosses pièces, espacés et distants de manière à ne pouvoir être tous en même temps désemparés par quelques coups bien dirigés. Les quatre gros canons de 22 tonnes et de 225 millimètres sont abrités dans autant de tourelles placées deux en abord, dans le même plan transversal, un peu en avant du milieu, les deux autres dans l'axe, à l'avant et à l'arrière. Chacune de ces tourelles est munie d'un blindage composite de 200 millimètres d'épaisseur. Dans la batterie, sont placés six canons plus petits, de 13 millimètres, également répartis de chaque côté.

Cet arrangement, assez nouveau dans la marine anglaise, a été critiqué en ce sens qu'il n'existe pas de protection à la hauteur des ponts supérieurs, dans la zône occupée par ces diverses pièces, ce qui peut présenter des inconvénients sérieux pendant le combat.

L'*Impérieuse* est entièrement en acier, toutefois, comme ce bâtiment est destiné à des croisières dans les mers tropicales, on a recouvert sa carène d'un bordé en bois dur doublé de cuivre rouge. Ses dimensions sont les suivantes : longueur 94^m,60, largeur 18^m,65, déplacement 8^{m}400 tonnes, puissance 10.000 chevaux, approvisionnement normal de charbon 400 tonnes.

Ce navire est protégé à la flottaison par une ceinture de 250 millimètres d'épaisseur, sur une longueur au milieu de 42^m,00. L'arête supérieure de ce blindage émerge seulement de 400 millimètres. Les deux extrémités de la cuirasse, d'un bord à l'autre, sont réunies par des cloisons transversales blindées, de 225 millimètres d'épaisseur, qui reposent sur le pont cuirassé en acier. Ce dernier s'étend de l'avant à l'arrière et protège les machines et les soutes à munitions.

L'appareil moteur, construit par la maison Maudslay,

se compose de deux machines à triple expansion, actionnant un égal nombre d'hélices, de 10,000 chevaux indiqués.

Outre les dix canons que nous avons cités, l'*Impérieuse* comprend dix canons Nordenfelt, quatre canons à tir rapide et trois tubes lance-torpilles.

Aux essais de vitesse à tirage forcé, avec l'approvisionnement normal de charbon, l'*Impérieuse* a filé $16^{nds}, 75$, soit trois quarts en plus de la vitesse prévue.

L'*Impérieuse* portait, au début, un gréement complet de brick, mais les hunes, trop basses, n'étaient pas habitables à cause de la fumée et des escarbilles. Ce fait, joint à ce que le tirant d'eau se trouvait dépassé, a conduit l'Amirauté à mettre en bas cette mâture qui aurait pu, en outre, devenir une source de gêne et de danger pendant le combat et à la remplacer par l'installation d'un seul mât militaire portant une hune beaucoup plus élevée, armée de canons à tir rapide. Ce mât est placé à l'avant, entre les deux cheminées.

L'*Impérieuse* a coûté 16,098,775 francs, somme supérieure à celle des nouveaux croiseurs en construction pour la marine britannique, plus rapides mais d'un déplacement inférieur.

L'*Impérieuse* est sortie de l'arsenal de Portsmouth

en 1886, mais a subi depuis, comme nous l'avons vu, un certain nombre de modifications.

Le Latona. — Ce bâtiment, lancé des chantiers de Barrow en 1890, appartient à la classe des croiseurs protégés; ses dimensions principales sont les suivantes : longueur 90 mètres, largeur 12^m,90, déplacement 3,400 tonnes.

Le *Latona*, complètement en acier, est protégé par un pont cuirassé s'étendant sur toute la longueur du navire, s'abaissant à l'avant pour rejoindre l'éperon, et recouvrant les machines, les chaudières, les magasins et soutes à combustible, l'appareil à gouverner et toutes les parties vitales du navire.

L'appareil moteur, vertical, à triple expansion, développe 9,000 chevaux; il est alimenté par cinq chaudières.

L'armement se compose de deux canons de 150 centimètres montés l'un à l'arrière, l'autre sur le gaillard d'avant, de six canons à tir rapide et de quatre Nordenfelt à cinq canons.

Ce bâtiment, entièrement éclairé à la lumière électrique, porte 252 hommes d'équipage.

Le Blenheim. — Ce bâtiment, lancé en novembre 1890, et non encore terminé, est actuellement le plus grand croiseur de l'Angleterre. Il mesure 114^m,30 de longueur, 19^m,80 de largeur et déplace environ 9,000 tonnes. Il est, on le voit, extrêmement large, aussi, pour obtenir la vitesse de 22 nœuds sur laquelle on compte, a-t-on dû installer dans ce navire une machine de 20,000 chevaux, la plus puissante que l'on ait encore faite.

Ce bâtiment, quand il sera terminé, dépassera proba-

Fig. 52. — Le *Blenheim*, Coupe longitudinale.

blement tous les autres navires du monde en vitesse, puissance, armement et rayon d'action.

Comme protection, le *Blenheim*, outre de très nombreux compartiments étanches, comporte un pont cuirassé cintré vers le bas qui recouvre les chaudières et machines, ces dernières grâce à un exhaussement local.

Ce puissant croiseur porte deux canons de 23 centimètres et de 22 tonnes, dix canons de 15 centimètres

pesant 5 tonnes, 16 canons à tir rapide de 47 millimètres, et six mitrailleuses Nordenfelt.

Les deux gros canons de 22 tonnes sont placés sur les
gaillards d'avant et d'arrière ; ils tirent en chasse et en retraite. Les canons de 15 centimètres sont placés sur le
pont et dans la batterie ; ils tirent tous par le travers,
mais quatre d'entre eux peuvent tirer en chasse et en retraite.

Marine espagnole.

Bien que peu importante, la marine espagnole, qui est
tributaire des chantiers anglais et français, possède quelques types récents de bâtiments de guerre qui méritent
d'être cités pour leur puissance ou leur vitesse.

La marine espagnole comprend à l'heure où nous écrivons :

5 cuirassés, 27 croiseurs, 2 batteries flottantes, 6 frégates, 2 corvettes, 13 avisos, 3 transports, 52 canonnières,
2 navires-école, 5 navires à roues, et 21 torpilleurs.

La plupart de ces bâtiments sont démodés, mais cette
liste contient quelques bateaux intéressants parmi lesquels nous allons décrire le *Pelayo*, construit en France
par les Forges et Chantiers, et le *Destructor*, construit
en Angleterre par MM. Thomson.

Le Pelayo (fig. 53). — Ce cuirassé, qui vient d'être livré à la marine espagnole, mesure 120 mètres de longueur et 20 mètres de largeur; il déplace 9,900 tonnes et sa machine, de 9,000 chevaux, lui communique une vitesse de 16 nœuds.

Le *Pelayo*, entièrement en acier, est construit sui-

Fig. 53. — Le *Pelayo.*

vant le système cellulaire et comporte 98 compartiments étanches. Il est protégé par un pont cuirassé placé au-dessus de la flottaison qui se raccorde en abord avec une cuirasse formant ceinture autour du navire et dont l'épaisseur maximum est de 45 centimètres. Au-dessus de cette carène protégée, se trouvent des superstructures contenant les logements des officiers.

L'appareil moteur se compose de deux groupes de

machines actionnant chacune une des deux hélices. Ces machines sont alimentées de vapeur par douze chaudières à trois foyers pouvant marcher au tirage forcé, et qui présentent une surface totale de chauffe de 2,100^m,9 environ. En outre des machines principales, on trouve à bord de ce vaisseau : un appareil à gouverner à vapeur, un cabestan à vapeur, quatre treuils à vapeur, deux pompes centrifuges, une pompe Thirion, trois pompes de compression d'eau pour les appareils moteurs des tourelles, un moteur pour les dynamos.

L'armement se compose de deux canons de 32 centimètres, montés sur des affûts et tourelles du système Canet, et placés un à l'avant et l'autre à l'arrière dans des tourelles blindées, et deux canons de 28 centimètres, également placés dans des tourelles à barbettes, mais de chaque côté, vers le milieu. Ces canons sont placés à une grande hauteur au-dessus du niveau de la mer, ainsi la pièce de l'avant est à 8^m,60 de la flottaison. En outre, le *Pelayo* comporte douze canons de 12 centimètres placés en batterie sur le second pont, un canon de 16 centimètres placé à l'avant sous le gaillard, et un très grand nombre de canons Hotchkiss et de mitrailleuses.

Ce navire ne porte que deux mâts militaires garnis de hunes munies de canons-revolvers.

Tous ces canons sont du système Hontoria, officier supérieur de l'artillerie espagnole; ce sont des engins puissants et bien étudiés.

Le Destructor (fig. 54 et 55). — C'est un petit croiseur en acier, construit en Angleterre, ayant environ 61 mètres de longueur sur 7ᵐ,50 de largeur et qui, actionné par une machine de 3,830 chevaux, a filé 23 nœuds.

La coque, entièrement construite en acier, est d'une légèreté exceptionnelle, les constructeurs ayant compté sur le cloisonnement intérieur pour lui donner une rigidité suffisante.

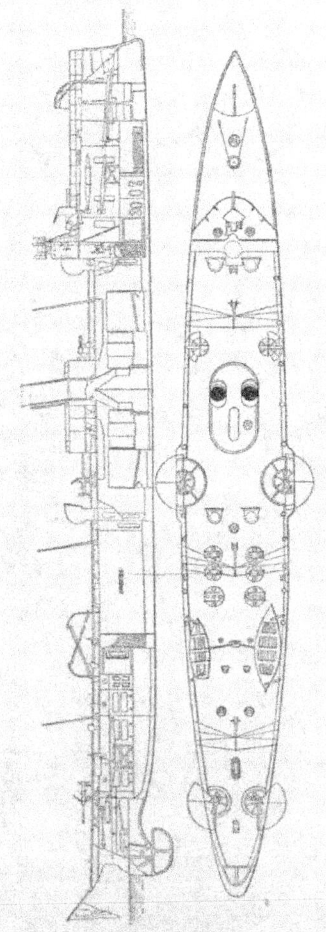

Fig. 54 et 55. — *Le Destructor.* Élévation et plan.

On pourra se rendre compte, d'après le croquis de ce bâtiment (fig. 54) de l'espace considérable, presque les deux tiers de la longueur, qu'occupe l'appareil moteur. Celui-ci, à deux hélices, est alimenté par quatre grandes chaudières locomotives marchant à tirage forcé. Une certaine protection est donnée aux machines et chaudiè-res par les soûtes à charbon qui l'entourent sur toutes leurs faces, mais on conçoit que ce genre de protection cesse d'être efficace dès que l'approvisionnement de charbon est partiellement épuisé.

Le *Destructor* est armé d'un canon de 12 centimètres placé sur le gaillard, de deux canons à tir rapide et de deux mitrailleuses. En outre, on a disposé 5 tubes lance-torpilles dont deux à l'avant, un à l'arrière et deux, mobiles, sur le pont supérieur.

Ce serait un terrible ennemi à rencontrer pour une flottille de torpilleurs, surtout en raison de sa vitesse remarquable.

Marine italienne.

Cette jeune marine a beaucoup fait parler d'elle depuis quelques années.

L'Italie n'a pas reculé devant des sacrifices énormes pour

posséder quelques-uns des plus grands navires de guerre du monde.

Ces bâtiments, célèbres par leurs dimensions colossales, sont le *Duilio*, le *Dandolo*, puis les cinq bâtiments du type *Italia* ou *Lepanto* qui déplacent plus de 13,000 tonnes et dont l'un, le *Sardegna*, est actionné par la plus forte machine que l'on ait encore faite et qui développe l'énorme puissance de 23,000 chevaux. Nous décrirons un de ces cuirassés, le *Lepanto* et un des croiseurs les plus redoutables que l'Italie aitajouté récemment à sa flotte : le *Piemonte*, dont un modèle figurait à l'exposition de 1889.

L'Italia et *le Lepanto*. — On trouvera (fig. 56), une vue extérieure du célèbre cuirassé italien l'*Italia* ou du *Lepanto* qui lui est en tout semblable. Cet immense bâtiment mesure 122 mètres de longueur, 22^m,54 de largeur et son tirant d'eau est de 8^m,48. Il déplace 13,900 tonnes, est actionné par une machine de 18,000 chevaux et file 18 nœuds.

Ce navire, qui a été lancé en 1880, est particulièrement remarquable si l'on considère l'époque à laquelle il a été conçu. La coque est entièrement en acier. La construction est du système cellulaire à double fond. Il y a deux cloisons longitudinales qui s'étendent sur une longueur

de 85 mètres. La coque est divisée en 53 tranches verticales par des cloisons transversales, coupées elles-mêmes
par les quatre ponts. En abord, ces compartiments sont
remplis de liège.

Le pont de la batterie est situé à une hauteur de 4^m,20
au-dessus de la flottaison; à 2^m,40 au-dessus de ce dernier
se trouve le pont supérieur qui supporte le réduit
contenant les gros canons montés en barbette. Ces
barbettes sont placées en échelons et contiennent chacune
deux canons de 100 tonnes.

Le réduit central est à peu près la seule part du navire
qui soit cuirassée, et cela au moyen de plaques de blindages de 48 centimètres d'épaisseur, sur une longueur de
31 mètres environ. Sont également cuirassés la base des
cheminées et les puits d'arrivée des munitions. Un pont
cuirassé en acier de 75 centimètres d'épaisseur, en forme
de dos d'âne, s'étend sur toute la longueur du navire.
Le poids total du blindage, y compris le matelas de teak
qui le supporte, est de 3,000 tonnes, c'est-à-dire 2,000
tonnes de moins seulement que la coque.

L'armement se compose de quatre canons de 43 centimètres pesant 110 tonnes chacun et du système Armstrong; de huit canons de 15 centimètres dont six placés
sur le pont supérieur, de six canons à tir rapide de 56

millimètres; de vingt-deux canons revolvers Hotchkiss et
à tir rapide, et de quatorze canons Maxim. Ajoutez à cela
quatre tubes lance-torpilles, en travers.

Ce canon de 110 tonnes est une arme terrible. Avec
une charge de poudre de 375 kilogrammes, il lance un
projectile de 908 kilogrammes avec une vitesse initiale de
580 mètres à la seconde. Ce boulet peut percer, à bout
portant, une plaque en fer forgé de 1 mètre d'épaisseur.

Le *Lepanto* est actionné par deux hélices commandées au moyen de quatre machines Compound comprenant en tout douze cylindres et développant l'énorme
puissance de 18,000 chevaux-vapeur. La vapeur est
fournie par une batterie de vingt-six chaudières comprenant en tout soixante-dix-huit foyers. La surface de
grille de ces foyers, s'élève au chiffre fantastique de
137 mètres carrés Le poids total de cet appareil est
d'environ 2,200 tonnes.

Une des particularités de cet appareil consiste dans ce
fait que les machines motrices sont placées au milieu du
navire tandis que les chaudières sont disposées en deux
groupes, l'un de quartorze corps à l'avant, et l'autre de
douze corps à l'arrière de cette machine. Les deux arbres
d'hélice passent donc sous les chaudières arrière. On peut
d'ailleurs se rendre compte de cette disposition anormale

par l'examen de la figure 56, où l'on voit très distinctement les deux groupes de trois cheminées chacun.

Les Italiens, non encore satisfaits par la possession de pareils monstres, ont actuellement en chantiers trois bâtiments plus redoutables encore bien que de dimensions semblables : le *Re Humberto*, le *Sicilia*, et le *Sardegna*; ce dernier, actionné, comme nous l'avons vu, par une machine de 23,000 chevaux. Dans ce dernier bâtiment, les Italiens paraissent avoir renoncé aux canons monstrueux de 100 tonnes et plus pour adopter des armes d'un calibre un peu inférieur, ne pesant que 67 tonnes (!), mais d'une pénétration plus grande.

Le Piemonte. — La maison Armstrong, Mitchell et Cⁱᵉ, d'Elswick, en Angleterre, a récemment livré au gouvernement italien un croiseur à grande vitesse, très intéressant à tous les points de vue. Nous croyons intéressant de donner, d'après l'*Engineer*, une description générale du bâtiment en question.

Ce navire appartient à un type de croiseur protégé, spécial à la maison Armstrong, et dont une douzaine environ ont été jusqu'ici livrés au Chili, au Japon et à l'Italie. Ces bâtiments sont caractérisés par l'absence de blindage proprement dit, la protection étant assurée au moyen d'un pont cuirassé, placé sous la flottaison, et de

Fig. 56. — L'Italia.

cofferdams latéraux. L'armement se compose ordinairement de six canons de 15 centimètres, placés en encorbellement, et de deux autres plus puissants, situés dans
l'axe. On verra plus loin que le *Piemonte* diffère des
autres bâtiments de la série par la nature de son armement qui ne comporte que des canons à tir rapide.

On trouvera dans le tableau suivant, les dimensions
principales du navire que nous décrivons et la composition de son armement :

		Mètres.
Longueur totale	. . . .	91,44
Largeur	. . . .	11,58
Tirant d'eau moyen	. . . .	4,57
Déplacement	. . . .	2,500 t.
Puissance indiquée (tirage forcé)	. . . .	11,600 ch. (1)
Vitesse correspondante	. . . .	21^m,1/4

Armement :

Six canons	à tir rapide	de 15 centimètres.
6	do	de 12 centimètres.
10	do	de 57 millimètres.
6	do	de 37 millimètres.
4	do	de 10 millimètres système Maxim.

Nous reviendrons plus loin sur l'artillerie; voyons
auparavant quelles sont les dispositions générales du
bâtiment et de l'appareil moteur.

(1) On voit à quel prix on doit de dépasser la vitesse de 21 nœuds. La
puissance de ce bâtiment est presqu'égale à celle de notre croiseur *Tage*,
dont le déplacement est trois fois plus grand.

Les membrures et les varangues sont du système ordinaire; il n'y a pas de quille saillante, celle-ci est remplacée par une quille plate consolidée par une forte carlingue centrale. On a ajouté deux quilles latérales pour diminuer le roulis. Il y a deux ponts : le pont supérieur et le pont blindé. Ce dernier, qui s'étend sur toute la longueur du navire, protège les machines, les chaudières, l'appareil à gouverner, et les soutes à munitions. Transversalement, ce pont se compose, au centre, d'une partie horizontale ayant 25 millimètres d'épaisseur, et, de chaque côté, d'une partie inclinée environ à 35° dont l'épaisseur atteint 75 millimètres. Avec l'approvisionnement ordinaire de 200 tonnes de charbon, la partie horizontale du pont cuirassé se trouve environ à 1ᵐ,40 au-dessus de la flottaison. En avant et en arrière des chaudières et des machines, le pont cuirasé est surmonté d'un pont placé à environ 0ᵐ,70 en moyenne au-dessus de la flottaison. L'espace qui les sépare forme une sorte de radeau que l'on peut remplir de briquettes spéciales (*patent fuel*), de charbon ou autres matières. Au-dessus du pont cuirassé, en abord, sont les soutes, qui peuvent contenir 600 tonneaux, mais qui, en temps normal, ne doivent recevoir que 200 tonnes de combustible.

Les briquettes dites *patent fuel* ont une composition

spéciale qui présente, paraît-il, plusieurs avantages : leur forme régulière empêche la pénétration de l'eau, même en cas d'une forte avarie dans la muraille du navire, le choc d'un projectile les divise en moins d'éclats que le charbon ordinaire, enfin elles sont moins facilement balayées par la mer, lorsque les parois du bâtiment ont été traversées.

L'appareil moteur, à deux hélices, construit par MM. Humphrys, Tennant and Co, de Deptford, consiste en deux groupes de machines-pilon à triple expansion et à quatre cylindres (il y a deux cylindres de détente finale) actionnant un égal nombre de manivelles. La vapeur est fournie par quatre chaudières *double-ended*, à retour de flamme, timbrées à 10 kil., 80. Pour l'allure à tirage forcé, la pression d'air peut être obtenue au moyen de huit ventilateurs.

On trouve, en outre, une chaudière auxiliaire sur le pont cuirassé, des appareils distillatoires très complets et un condenseur auxiliaire dans chaque chambre de machine.

Revenons à l'armement.

Des six canons de 15 centimètres, deux sont placés dans l'axe : un vers l'arrière et l'autre vers l'avant, pour le tir en chasse et en retraite, les quatre autres sont si-

tués en encorbellement avec un champ de tir de 155°.
Entre ces derniers, sont placés les canons de 12 centimètres avec un champ de tir de 120°. Quant aux canons à
tir rapide de 57, millimètres, ils sont reportés sous le gaillard, sous la dunette, et, par le travers, sur les pavois.
Quatre des canons de 37 millimètres, sont dans les hunes
inférieures. Les canons Maxim se trouvent tous dans les
hunes supérieures.

Le canon d'Elswick, de 15 centimètres, pèse 5,72 tonnes. Sa longueur est de 40 calibres. Il lance un obus de
45 kilogrammes avec une charge de 22 kil., 50 de poudre
noire, ou de 27 kilogrammes de poudre brune, ou de
18 kilogrammes de poudre sans fumée dite de Chilworth.
Cette poudre ne mérite pas absolument sa qualification
de *sans fumée*, mais la quantité de fumée qu'elle produit est inférieure à celle d'une poudre ordinaire et, à
la mer, les nuages en sont vite dispersés par une faible
brise. On ne saurait attacher trop d'importance à la diminution de la fumée pour des applications où sont réunis
un grand nombre de canons à tir rapide dont le pointage
serait impossible au bout de quelques minutes de tir s'ils
étaient chargés avec de la poudre ordinaire.

Dans les conditions que nous venons d'énumérer, la
vitesse du projectile est de 702 mètres à la seconde,

Fig. 57. — Les tourelles et les gros canons de L'*Italia*.

avec une pénétration dans le fer forgé, de 370 millimètres.

Le canon de 12 centimètres pèse 2ᵗ,05; sa longueur est aussi de 40 calibres. Il lance un obus de 20 kil., 25 avec une vitesse initiale de 675 mètres, à la seconde, correspondant à une pénétration dans le fer forgé de 264 millimètres. La charge de poudre est, soit de 4 kil., 7 de poudre sans fumée, soit de 5.kil., 40 de poudre ordinaire.

Il résulte d'essais faits à Portsmouth, que l'on peut, avec le canon à tir rapide de 12 centimètres, tirer 12 coups en 1 minute 5 secondes, 8 coups en 32 secondes, 10 coups en 53 secondes, 20 coups en une minute et 2 secondes, et 30 coups en 2 minutes 30 secondes.

La justesse de cette arme excellente serait au-dessus de tous éloges. Dans des essais qui ont eu lieu à Shoeburyness, on aurait, avec le canon de 12 centimètres, atteint cinq fois sur cinq une cible de 56 centimètres carrés, à une distance de 1,200 mètres, le tout en 31 secondes.

Toutes les pièces sont munies de masques pour la protection des canonniers; pour les canons de 15 centimètres l'épaisseur des écrans va jusqu'à 12 centimètres.

C'est la première fois que le canon à tir rapide de 15

centimètres, est appelé à constituer le principal armement
d'un navire. Il n'est pas douteux que cet engin ne soit
très redoutable par suite du poids considérable de projectiles qu'il peut lancer dans un temps donné, avec un
personnel réduit. Comme le fait très bien remarquer Sir
Armstrong, l'augmentation de rapidité dans le tir équi-
vaut à une augmentation du nombre des pièces sans
accroissement du nombre des canonniers et du poids
total de l'armement. Il faudrait y ajouter d'autres avantages, tels que la possibilité de renouveler un coup heureux avant que le navire ennemi ait eu le temps de se
déplacer sensiblement.

Il nous paraît logique d'appliquer d'une manière
générale les canons à tir rapide aux croiseurs qui, étant
peu protégés, doivent s'exposer aussi peu de temps que possible aux coups de l'ennemi et posséder, sous un faible
poids, une puissance offensive aussi grande que possible.

Aux essais préliminaires, la vitesse du *Piemonte*, à
tirage naturel, a atteint $19^{nds},5$. Avec le tirage forcé, la
pression de vent ne dépassant pas 6 millimètres, on
atteignit la vitesse de $20^{nds},17$; la puissance indiquée
était de 7,760 chevaux. Avec une pression d'air de 12
millimètres, limite admise par l'Amirauté pour les
parcours de longue durée, la vitesse fut de $20^{m},3$ et la

puissance de 8,000 chevaux. Aux essais à outrance, l'appareil moteur développa 11,600 chevaux, ce qui correspond à une vitesse légèrement supérieure à 21 nœuds.

On ne saurait trop remarquer que le *Piemonte* est capable d'atteindre couramment une vitesse de 20 nœuds au tirage naturel, dans des conditions favorables ou tout au moins avec une pression d'air extrêmement modérée, avantage bien plus grand que de filer quelque dixième de nœuds en plus à une allure forcée que l'on ne pourrait maintenir quelque temps sans avaries. Cette vitesse soutenue de 20 nœuds est très remarquable pour un navire de cette taille. C'est un vrai succès, surtout si l'on remarque que cette vitesse, dans les conditions où elle est obtenue, n'a rien d'illusoire et ne doit pas mener aux mêmes déceptions que les vitesses obtenues aux essais d'un si grand nombre de bâtiments de guerre pour lesquels l'allure forcée ne saurait être prolongée, et sont les résultats d'essais ne pouvant être obtenus à nouveau après quelques semaines de service.

Le revers de la médaille, c'est le relativement faible rayon d'action de ce bâtiment où tout a été sacrifié à la vitesse et à l'armement. L'approvisionnement maximum de charbon est, en effet, de 600 tonnes correspondant à un parcours de 1,950 milles à toute vitesse.

Cependant, si l'on réduit la vitesse à 10 nœuds, le rayon d'action peut se trouver porté à 13,500 nœuds, soit un voyage de 55 jours.

L'approvisionnement normal de 200 tonnes ne pourrait guère suffire que pour un trajet de 630 milles effectué à toute vitesse (21 nœuds) pendant une trentaine d'heures. C'est ce qui fait croire, dit M. Lisbonne dans le *Yacht*, que ce croiseur n'est pas, en temps de guerre, *destiné à sortir de la Méditerranée*.

Marine russe.

La marine russe est en progrès, mais il lui reste fort à faire pour occuper un rang honorable à côté des marines française, anglaise et italienne, si ce n'est peut-être sous le rapport des torpilleurs. Elle ne comporte aucun navire exceptionnel comme vitesse ou puissance, et son artillerie n'a rien de bien remarquable.

La flotte russe se divise en quatre catégories, à savoir : la flotte de la Baltique, la flotte de la Mer Noire, la flotte de Sibérie et la flotte de la Caspienne. La première comprend 20 cuirassés d'escadre, 13 garde-côtes, 23 croiseurs, 12 canonnières, 13 torpilleurs de haute mer et 92 torpilleurs de 2me classe. La seconde se décompose en 5 navires à tourelles, 2 popoffkas, 8 canonnières, 33 navires non cuirassés sans valeur et 10 croiseurs presque tous vieux. La troisième comporte 9 petits vapeurs, 14 voiliers et 8 torpilleurs de 2me classe. La quatrième enfin comprend 33 petits navires à voile et à vapeur presque tous sans valeur militaire.

Fig. 58. — Garde-côtes russe.

Le plus récent des cuirassés à flot est le *Nicolas Ier* qui déplace 8,440 tonnes et mesure 96 mètres de longueur sur 20^m,42 de largeur. Actionné par une machine de 8,000 chevaux, ce navire file 16 nœuds. L'épaisseur maximum de la cuirasse est de 350 millimètres. L'armement se compose de deux canons de 30 centimètres, de quatre canons de 225 millimètres, de huit canons de

125 milimètres, de six canons-revolvers et de huit canons à tir rapide.

Le meilleur croiseur russe est sorti, il y a deux ans, d'un chantier français, c'est l'*Amiral Kornilow* qui mesure 105 mètres de longueur sur 14^m,63 de largeur et déplace 5,000 tonnes. Il est actionné par une machine de 8,200 chevaux et file 18 nœuds. Son armement se compose de quatre canons de 16 centimètres, de six canons à tir rapide et de dix mitrailleuses.

Marine allemande.

L'Allemagne ne possède qu'une marine de second ordre, peu importante par le nombre ou la nouveauté de ses bâtiments, mais remarquable par les solides qualités de son personnel, par l'ordre et la discipline qui règnent du haut en bas de l'échelle.

A l'heure actuelle, la marine allemande compte 13 cuirassés, 8 frégates-croiseurs, 10 corvettes-croiseurs, 7 croiseurs proprement dits, 16 canonnières dont quatre cuirassées, 6 avisos, 2 transports, 6 torpilleurs-avisos, 2 canonnières-torpilleurs, et un très grand nombre de torpilleurs (114 torpilleurs et 16 canots-torpilleurs).

C'est surtout sous le rapport des cuirassés que l'infériorité de l'Allemagne est manifeste. Ainsi, le plus remarquable des bâtiments de cette catégorie qu'elle possède est le *Konig Wilhelm* qui date de 1868! déplace 9,700 tonnes et file seulement 14 nœuds. Son armement se compose de dix-huit canons de 24, de cinq canons de 21, de six canons de 15 centimètres et de six mitrailleuses. Par contre, l'équipage est considérable : il comprend 759 hommes, plus que les géants italiens qui déplacent 13,000 tonnes.

Parmi les croiseurs, un seul, l'*Irène*, qui date de 1887, file 18 nœuds, les autres se contentent de 14 nœuds.

Marines diverses.

Quelques-unes des plus petites marines du monde possèdent des bâtiments, particulièrement des croiseurs, très remarquables par leur vitesse et la puissance de leur armement. Ce fait provient de ce que leurs gouvernements donnent carte blanche aux constructeurs, toujours anglais ou français, à qui elles confient leurs commandes, et que l'initiative privée est la plus féconde source de progrès, même en matière d'art militaire. À l'appui de ce fait, nous rappellerons l'exemple du *Piemonte*, construit par Armstrong, pour le gouvernement italien et que nous avons décrit plus haut. Nous allons en voir encore un ou deux exemples.

Le Capitan Prat, cuirassé chilien. — Ce bâtiment a été lancé des Chantiers de la Seyne, en France, en décembre 1890; il est armé de quatre canons Canet de 24 centimètres et de huit canons du même système de 12 centimètres, à tir rapide. Il comporte, en outre, des canons Hotchkiss à tir rapide de 47 millimètres, des canons-revolvers, des mitrailleuses Maxim et quatre tubes lance-torpilles.

Les gros canons sont installés en tourelles-barbettes disposées comme suit : une à l'avant, une à l'arrière, une de chaque côté, au milieu, en encorbellement. Ces tourelles sont, suivant le système Canet, à chargement central dans toutes les directions. Elles se manœuvrent à la main ou au moyen d'appareils électriques, application nouvelle et ingénieuse.

Ces canons de 24 lancent, à la vitesse initiale de 700 mètres à la seconde, un obus de 178 kilogrammes, qui peut traverser, à la bouche de la pièce, une plaque en fer forgé de 68 centimètres d'épaisseur. La portée est de 17 kilomètres. Quant aux canons à tir rapide, ils lancent un projectile de 21 kilogrammes à la vitesse de 750 mètres, et leur portée est de 14 kilomètres.

Le *Capitan Prat* est un navire de 100 mètres de longueur déplaçant 6,900 tonnes qui filera 19 nœuds. Sa
machine doit développer 12,000 chevaux. Cela est triste
à dire, mais nous n'avons pas dans notre marine un
seul cuirassé qui approche de cette vitesse et pourtant le

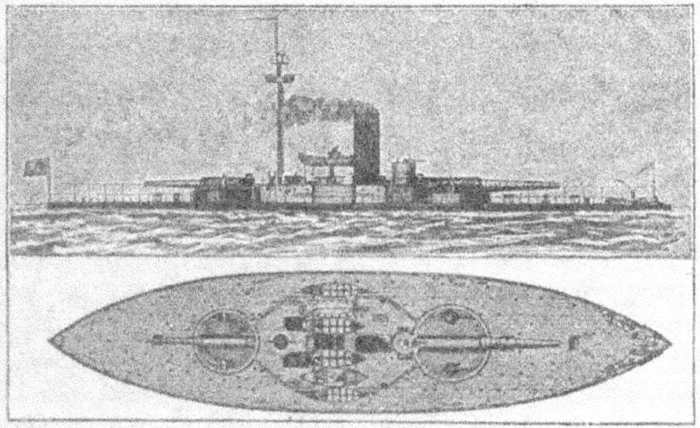

Fig. 59. — Garde-côtes américain.

navire en question a été construit par un chantier français !

Le Riachuelo, cuirassé brésilien. — Ce navire est un
exemple de la rapidité avec laquelle peut être construit un bâtiment de guerre dans un chantier privé bien
outillé. Il a, en effet, été construit en *deux ans*, compris
son armement et sa période d'essais. Ce chiffre est à

méditer par les partisans du travail dans les arsenaux où l'on met souvent huit ans pour une semblable construction. Le *Riachuelo* a été construit en Angleterre en 1884.

C'est un cuirassé à tourelles, en acier, à hélices jumelles, déplaçant 6,000 tonneaux; la longueur est de 93 mètres et la largeur de 14 mètres.

Le blindage est opéré au moyen d'une ceinture ayant une épaisseur variable de 28 à 17 centimètres. Les tourelles sont protégées par une cuirasse de 25 centimètres, les hunes et chaudières par un pont en dos d'âne de 7 à 5 centimètres suivant les points considérés.

L'avant se termine par un éperon.

L'armement se compose : de quatre canons Armstrong se chargeant par la culasse, du calibre de 22 centimètres, et pesant 20 tonnes chaque, placés dans deux tourelles en échelon, pouvant s'orienter par puissance hydraulique, de six canons de 14 centimètres sur le pont et de 15 canons-revolvers dont cinq dans les hunes.

Les machines, du type Compound à pilon, ont développé, aux essais, à tirage forcé, 7,300 chevaux, correspondant à une vitesse de 16 nœuds. A tirage forcé, la vitesse de 18 nœuds a été obtenue pendant quelques heures.

Le *Riachuelo* est entièrement éclairé à l'électricité.

TROISIÈME PARTIE

LA MARINE COMMERCIALE

CHAPITRE PREMIER

LES NAVIRES DE COMMERCE.

Les marines marchandes ont subi, depuis un demi-siècle, des métamorphoses semblables à celles que nous avons signalées pour la marine militaire. Toutefois, la vapeur n'y a pas entièrement tué la voile; ainsi que l'on pourra s'en rendre compte par le tableau suivant, les bâtiments à voile comptent encore pour 10 millions de tonnes dans l'effectif total et il est peu à craindre que la proportion diminue. Si le voilier va moins vite, s'il est davantage l'esclave du vent et des courants, en revanche il coûte moins cher de premier achat et d'entretien, surtout s'il s'agit de longues traversées.

Nous donnons ci-dessous l'effectif des principales marines commerciales du monde. On remarque que la France ne vient que la neuvième, après la Grèce, sous le rapport des bâtiments à voile, mais que sa flotte à vapeur, beaucoup plus importante, la met au troisième rang d'autre part. Comme on le voit, l'Angleterre possède à elle seule 10,560 navires à voile et 5,302 à vapeur, jaugeant ensemble 11,740,000 tonneaux, alors que toutes les autres nations réunies ne peuvent mettre en ligne que 11,629,000 tonnes Ces chiffres attestent plus éloquemment qu'un long discours la prépondérance commerciale et maritime de ce grand pays.

Principales marines marchandes du monde :

	VOILIERS.		VAPEURS.		OBSERVATIONS.
	Navires.	Jauge.	Navires.	Jauge.	Ne sont comptés que les navires à voiles jaugeant plus de 50 t, et les navires à vapeur jaugeant plus de 100 t.
Angleterre .	10.560	3.693.000 t.	5.302	8,043.000 t.	
Amérique ..	3.406	1.445.000	419	533.000	
Norwége...	3.567	1.495.000	371	245.000	
Allemagne .	1.698	766.000	689	930.000	
Italie......	2.402	655.000	209	294.000	
Russie	2.131	456.000	230	178.000	
Suède	1.800	373.000	403	172.000	
Grèce	1.457	299.500	68	44,424	
France	1.627	298.860	471	806.000	
Espagne. ..	1.360	253.000	850	274.000	

Les navires appartenant à la marine marchande peuvent se rattacher à deux catégories principales comprenant toutes deux des bâtiments à voile et à vapeur : les *longs courriers* et les *caboteurs*. A la première division appartiennent tous les navires qui se livrent à la navigation au long cours; à la seconde ceux qui ne s'écartent pas des côtes et n'accomplissent que des voyages de petite durée.

Le *grand cabotage* comprend les bateaux qui font un service en quelque sorte intermédiaire, mais ne quittent pas les mers d'Europe : Tels sont les charbonniers, les cargo-boats qui vont des ports du Nord dans la Méditerranée. Dans cette dernière

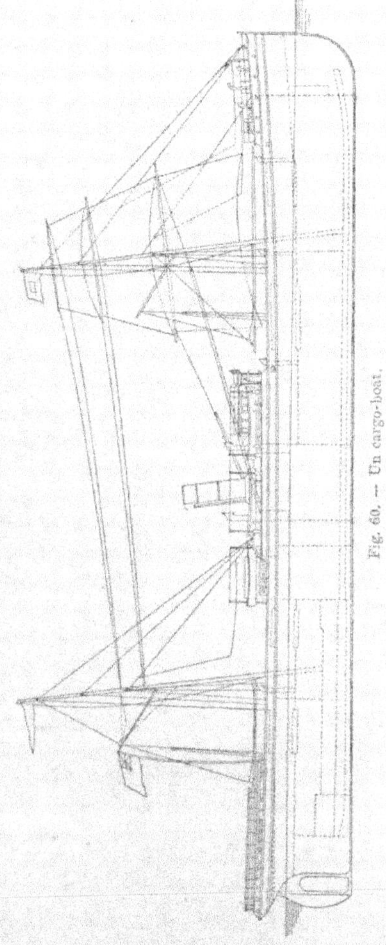

Fig. 60. — Un cargo-boat.

catégorie, on rencontre parfois des steamers de très grandes dimensions.

Le *cargo-boat* moderne ou navire de charge (fig. 60) est toujours à vapeur et à hélice. Les cales à marchandises sont généralement placées à l'avant et à l'arrière des machines qui occupent le milieu. L'équipage est logé sous le gaillard d'avant, tandis que les chambres des officiers sont placées soit au milieu, au-dessus de l'appareil moteur, en abord, soit à l'arrière dans une dunette. Ces navires, qui peuvent jauger jusqu'à 3,000 tonnes et plus, ne filent guère plus de 10 nœuds en charge. Ils ont le plus souvent deux mâts de goëlette portant des cornes de charge. Parmi les accessoires importants d'armement, il convient de citer les treuils à vapeur pour la manutention des marchandises, le guindeau et l'appareil à gouverner à vapeur.

La plupart des steamers récents sont munis, sur une partie de leur longueur, de doubles fonds étanches nommés *water-ballasts*, dans lesquels on introduit de l'eau pour remplacer le lest, lorsque le navire est lège. C'est là un lest fort ingénieux, que l'on introduit rapidement à bord en ouvrant simplement un robinet et dont on se débarrasse rapidement au moyen d'une pompe à vapeur. Comme ces doubles fonds sont divisés par des

cloisons transversales étanches en plusieurs compartiments, on peut, en remplissant seulement un certain
nombre d'entre eux, balancer le navire dans le sens longitudinal et établir entre l'avant et l'arrière la différence
de tirant d'eau que l'on veut.

Le petit cabotage se fait soit au moyen de vapeurs
analogues aux précédents, mais plus petits, soit au
moyen de petits voiliers : côtres, lougres, goëlettes,
bricks ou trois-mâts-barques.

Les navires au long cours à voile sont généralement
des trois-mâts qui peuvent atteindre de grandes dimensions et quelquefois des quatre-mâts et des cinq-mâts. La
maison française Borde
et Cie, de Bordeaux, possède la plus imposante
flotte à voile du monde,
qui se compose de 33
navires dont le tonnage

Fig. 61. — Le cinq-mâts *France*.

s'élève à 43,000 tonnes. On trouvera (fig. 61), le dessin
d'un de leurs derniers bâtiments, la *France*, à cinq mâts,
tous gréés de voiles carrées. Ce superbe bâtiment, le
plus grand voilier qui ait jamais été construit, entièrement en acier, est en chantier en Angleterre; sa longueur
est de 114^m,60, sa largeur atteint 15^m,05 et son creux

10^m,28; il peut prendre 6,100 tonnes de marchandises. Une machine à vapeur auxiliaire sert à actionner les treuils de chargement qui peuvent aussi être utilisés pour la manœuvre des voiles.

On voit, par ce spécimen d'ailleurs unique à l'heure présente, que si le nombre des bâtiments à voile diminue, leurs dimensions et leur tonnage tend à s'accroître fortement.

Les steamers au long cours ressemblent aux cargo-boats brièvement décrits plus haut, mais ils comprennent généralement en plus des aménagements pour les passagers. Les plus intéressants de ces bâtiments sont les transatlantiques sur lesquels nous insisterons plus longuement dans un autre chapitre.

Navires à destination spéciale. — Indépendamment des paquebots ou des cargo-boats, la marine marchande comprend un certain nombre de steamers à destination spéciale. Tels sont, par exemple, les remorqueurs, les dragues et chalands à vapeur, quelques petits bateaux pilote, et des bateaux de pêche à vapeur. Ces derniers, qui tendent à se répandre, sont ordinairement gréés en sloop ou en côtre; ils possèdent une petite machine auxiliaire qui leur permet de filer environ 6 à 7 nœuds. Tantôt ces bateaux servent directement à la pêche, et

alors ils por-
tent des treuils
à vapeur pour
la rentrée du
chalut, tantôt
ce sont simple-
ment de petits
cargo-boats
qui vont en
mer embar-
quer le poisson
pêché par les
bateaux à voi-
les et l'apporte
à terre rapide-
ment, ce qui
assure sa fraî-
cheur.

Les remor-
queurs sont de
petits steamers
munis de ma-
chines très
puissantes et

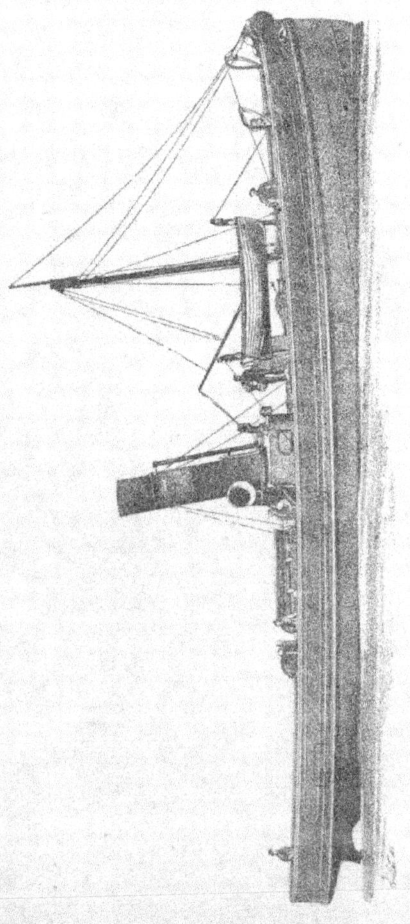

Fig. 62. — Un remorqueur.

qui, comme leur nom l'indique, servent à remorquer les
bâtiments à voile, des ports ou des rades jusqu'au large
où ils peuvent trouver un vent favorable, et quelquefois
à sortir des bassins les grands paquebots qui ne peuvent manœuvrer avec leurs machines dans des espaces
trop restreints.

Les remorqueurs sont à roues ou à hélice; ils comprennent une cale de chargement, un poste pour l'équipage à l'avant et une chambre à l'arrière. Appelés à
sortir souvent par de gros temps, ces petits bâtiments
doivent être très robustes et très marins.

Essais des navires à vapeur. — Lorsqu'un navire à
vapeur est complètement terminé, on procède à des essais
rigoureux sous la surveillance des armateurs ou des ingénieurs de l'État, suivant qu'il s'agit d'un steamer de
commerce ou d'un bâtiment de guerre. Ces essais ont
pour but de déterminer : la vitesse du navire, la puissance de sa machine, la consommation du charbon
et, accessoirement, ses qualités nautiques et manœu-
vrières.

La vitesse du navire se mesure soit au moyen de *lochs*,
soit mieux sur une base mesurée.

Le *loch à hélice* est en réalité un compteur placé dans
une boîte en laiton de forme oblongue, que l'on jette à

l'eau et qui est remorqué par le navire au moyen d'un bout de filin. Cet appareil porte une petite hélice d'un pas déterminé dont l'arbre engrène avec les aiguilles du compteur au moyen d'engrenages de rapport déterminé. Quand le loch est entraîné, l'hélice tourne, grâce à la résistance de l'eau, et d'un tour pour une avance égale à celle de son pas. L'appareil est muni de trois cadrans indiquant, l'un les dizaines de nœuds, l'autre les nœuds, le troisième les dixièmes de nœuds.

Cet instrument n'est pas toujours d'une exactitude rigoureuse, aussi lui préfère-t-on aujourd'hui les essais sur bases. On mesure, sur une côte bien accore, une certaine distance, par exemple 2 nœuds ou 3,704 mètres dont les deux extrémités sont marquées par des voyants (mâts, bouées, tourelles) que l'on peut apercevoir de loin en mer. On fait circuler le navire devant la base, un certain nombre de fois, on note la durée du parcours par laquelle on divise la distance pour avoir la vitesse. Il est nécessaire de parcourir les bases, dans les deux sens, un nombre pair de fois pour tenir compte du courant ou des vents régnants. Ces essais peuvent être contrôlés par des relevés pris au moyen du loch.

La puissance s'évalue au moyen de *diagrammes d'indicateur* que l'on relève à de courts intervalles et qui, donnant la pression moyenne exercée sur les pistons, fournit un des éléments nécessaires pour le calcul de la force, les autres étant le nombre de tours et la surface des pistons.

On pèse le charbon consommé et, en le divisant par la puissance, on obtient la consommation par cheval.

Signaux et fanaux. — La nuit, les navires sont munis de fanaux de différentes couleurs ayant pour but de révéler leur position et le sens de leur marche, afin d'éviter les abordages.

Au mouillage, tout bâtiment doit porter un feu blanc placé à une hauteur qui n'excède pas six mètres au-dessus du plat-bord et projetant une lumière uniforme tout autour de l'horizon.

Les bâtiments à vapeur en marche doivent porter trois feux : un feu vert à tribord, un feu rouge à babord et un feu blanc en tête du mât de misaine. S'ils remorquent, ils doivent porter deux feux blancs verticaux en tête du mât de misaine.

Les bâtiments à voile faisant route portent deux feux vert et rouge de côté, mais ne doivent, dans aucun cas, porter le feu blanc du mât de misaine.

Quand deux navires se rencontrent courant l'un sur l'autre et qu'il y ait risque d'abordage tous deux viennent

sur tribord pour passer à babord l'un de l'autre. Si un
vapeur rencontre un voilier et qu'il y ait crainte d'abordage, le premier doit manœuvrer de manière à ne pas
gêner la route du second.

CHAPITRE II

LA NAVIGATION TRANSATLANTIQUE.

Grâce aux efforts de l'initiative privée, tant des constructeurs que des armateurs, et grâce à la libre concurrence, la navigation transatlantique a fait, depuis trente ans, des progrès plus rapides peut-être que la marine militaire.

Les traversées ont gagné en vitesse, confort et sécurité dans une proportion incroyable. On s'embarque maintenant pour New-York sans que l'image du danger se présente même à l'esprit.

Nous nous bornerons, dans l'étude qui va suivre, à l'examen des paquebots qui effectuent la traversée de l'Atlantique entre l'Europe et New-York. On trouverait ailleurs, ne fût-ce que dans la flotte de notre Compagnie des Messageries maritimes de magnifiques spécimens de l'architecture navale, mais c'est sur les lignes aboutissant à New-York que l'on rencontre les paquebots les plus

rapides et les plus grands, et cela grâce surtout à la
concurrence que se font les diverses compagnies anglaises dont la tête de ligne est à Liverpool. Depuis 1880 no-
tamment, cette concurrence s'est exercée d'une manière
acharnée et a eu pour résultat de diminuer de deux jours
la durée du trajet tout en augmentant considérablement
la sécurité et le confort. C'est depuis cette époque que
se sont successivement illustrés les fameux paquebots
Germanic, *Servia*, *City of Rome*, *Alaska*, *Oregon*, *Ame-
rica*, *Umbria* et *Etruria*, *City of Paris* et *City of New-
York*, *Teutonic* et *Majestic*. Jusqu'ici, le triomphe de
chacun de ces navires a été éphémère, un rival plus
puissant et plus rapide étant mis en chantier aussitôt.
Cet état de chose durera-t-il longtemps encore? Nul ne
peut le dire, bien que le *Teutonic*, le dernier mis en
service, paraisse le dernier mot de l'art.

Voici, du reste, quelques renseignements sur les traversées les plus rapides accomplies récemment par les
steamers anglais.

C'est particulièrement entre les bateaux de la *White
Star* et de l'*Inman Line* que la lutte s'est engagée en
1890 et 1891; mais il est juste d'ajouter que les steamers
un peu plus anciens de la Compagnie Cunard, l'*Umbria*
et l'*Etruria* y ont pris une part brillante.

Le *City of Paris* a accompli sa première traversée en 1889. La vitesse fut un peu inférieure à celle obtenue précédemment sur la ligne de Liverpool à New-York, ce dont on ne doit pas s'étonner si l'on songe que la machine était neuve et comprenait beaucoup d'innovations. Ce paquebot quitta Queenstown le 5 avril et arriva à Sandy Hook le 11 ; la traversée avait été difficile à cause de la grosse mer et de la brume. La durée de la traversée fut de 6 jours et 18 heures. Le troisième jour, une avarie paralysa les machines de babord et, pendant cinq heures, l'on marcha avec l'appareil de tribord seul, ce qui réduisit à 290 milles le parcours effectué ce jour-là. La meilleure traversée avait été de 6 jours, 1 heure et 47 minutes, ce qui donne une vitesse moyenne de 20^{mlle},3.

Le voyage de retour du *City of Paris* s'effectua déjà plus rapidement : en 5 jours, 6 heures et 55 minutes. Néanmoins, on dut ralentir les machines pendant vingt-quatre heures. Le meilleur parcours journalier fut de 470 milles. Quelques mois auparavant, l'*Umbria* avait effectué la traversée en 6 jours, 3 heures et 50 minutes, puis en 6 jours, 2 heures et 32 minutes en novembre 1888.

Au fur et à mesure que les nouveaux paquebots vieillissaient, leur fonctionnement s'améliorait; on avait remédié à divers vices d'installation qui s'étaient fait jour en service; les frottements s'étaient faits et la confiance du personnel avait augmenté. Aussi voyons-nous, en août 1889, le *City of Paris* accomplir la traversée en 5 jours, 19 heures et 11 minutes, soit un peu plus de 20 nœuds en moyenne. Pendant 24 heures, le parcours effectué dépassa 500 milles, soit plus de 21 nœuds à l'heure. La tra-

Fig. 63. — Le steamer *City of Paris.*

versée la plus rapide jusque-là avait été accomplie par l'*Etruria* en 6 jours, 1 heure et 40 minutes avec une moyenne d'environ 475 milles par 24 heures. Le paquebot de l'*Inman line* est donc le premier qui ait effectué en moins de 6 jours la traversée de Queenstown à New-York.

C'est à ce moment qu'entre en lice le *Teutonic*, puis le *City of New-York* qui avait subi quelques transformations jugées nécessaires après son voyage d'essai, d'où son retard sur le *City of Paris*.

En réalité, le *Teutonic* était dans une certaine infériorité comme étant absolument neuf. Les deux bâtiments accomplirent leur première traversée dans le même temps : le *City of New-York* en 6 jours et 14 heures, son concurrent en 6 jours, 14 heures et 20 minutes, ce dernier ayant effectué un parcours moins long de 10 milles. La meilleure moyenne journalière ressortait à 465 milles pour le paquebot *Inman* et à 454 milles pour le *Teutonic*.

Au retour, le *City of New-York* fit la traversée en 6 jours, 3 heures et 28 minutes ; le *Teutonic* mit treize heures de plus.

L'automne dernier, le *City of Paris* accomplit une traversée en 5 jours, 22 heures et 57 minutes. On ne saurait trop insister sur la remarquable uniformité de vitesse de ce paquebot dont le parcours journalier a oscillé seulement, pour une de ses traversées, entre 444 et 460 milles. Pour une moyenne de six voyages, le trajet total a été de 16,903 milles parcourus en 35 jours, 16 heures et 35 minutes, soit une vitesse moyenne de 20 nœuds.

Les voyages du *Teutonic* ayant lieu les mêmes jours que ceux du *City of New-York* ont un peu pris le caractère d'une course.

Jusqu'ici, l'avantage est resté au second de ces bâtiments.

Des documents plus récents prouvent que le *Teutonic* n'avait pas, jusque-là, donné tout ce dont il était susceptible. Partis le même jour, 31 octobre 1889, de Queenstown, sensiblement à la même heure, le *City of New York* et le *Teutonic* ont effectué la traversée, le premier en 6 jours, 7 heures et 33 minutes, le second en 6 jours, 7 heures et 38 minutes, c'est presqu'un *dead-head*, on le voit.

La mise en service ultérieure du *Majestic* a donné un nouvel intérêt à cette lutte de vitesse dont on n'entrevoit pas encore la fin, puisque l'on parle déjà de mettre en chantier des paquebots plus rapides encore.

Les principales compagnies transatlantiques qui possèdent des flottes imposantes de paquebots à grande vitesse, effectuant la traversée de l'Atlantique, entre l'Europe et New-York sont : En Angleterre, les compagnies *Cunard*, *Guyon*, *White Star*, *Inman*, de Liverpool. En France, la *Compagnie Transatlantique*, dont les paquebots partent du Havre; en Allemagne la *Hamburg American Cⁱᵉ* et le *Nord Deutsch Lloyd* de Hambourg. Nous décrirons nécessairement les trois plus nouveaux paquebots ajoutés récemment aux flottes transatlantiques de ces trois puissances : le *Teutonic* (anglais), la *Touraine* (français), le *Normannia* (allemand).

Majestic et Teutonic. — Ces deux paquebots, absolument identiques, ont été construits en 1888, par MM. Harlan Wolf, de Belfast, pour la *White Star line* de Liverpool. Cette compagnie, qui naguère avait été la plus énergique, et avait brillamment dépassé ses concurrents, s'était, depuis quelques années, laissé dépasser par les compagnies Cunard, Inman et Guyon. Elle vient de rentrer en lice avec le *Teutonic* et le *Majestic*; le premier de ces bâtiments est en service depuis quelques mois et s'est montré l'égal de ses rivaux les plus redoutables.

Voici les dimensions principales de ces paquebots, les plus grands qui soient à flot :

Longueur entre perpendiculaires	177^m,33
Largeur —	17^m,55
Creux sur quille	11^m,98
Tonnage	9685 t.

Outre un grand nombre de cloisons transversales, ces bâtiments possèdent une cloison longitudinale qui double le nombre des compartiments étanches. Disons en passant, que les paquebots dont il est ici question sont actionnés par deux hélices jumelles et que les appareils moteurs et les générateurs sont partagés par cette cloison longitudinale en deux groupes distincts, susceptibles de fonctionner indépendamment l'un de l'autre en cas d'avaries.

Bien que ressemblant aux navires précédents de la même compagnie et n'ayant comme eux que deux cheminées, le *Teutonic* et le *Majestic*, au lieu du gréement complet à quatre mâts, n'ont que trois mâts à pible sans vergues. La voile est moins nécessaire que jamais à un paquebot à deux hélices.

Ces steamers sont entièrement en acier Siemens Martin.

Les paquebots que nous décrivons ne sont pas comme un certain nombre de leurs devanciers, destinés presque uniquement à l'accommodation de passagers de première classe. Ils ne doivent recevoir que 300 de ces derniers et les dimensions de la salle à manger ont été choisies de telle sorte que tout le monde puisse y trouver place en même temps. Le nombre des passagers de seconde classe peut atteindre 150 et celui des émigrants 750.

Les émigrants célibataires sont logés à l'avant, les passagers de première classe au milieu, les passagers de seconde classe, les émigrants mariés ou les femmes seules à l'arrière. Chaque classe de voyageurs est ainsi complètement séparée des autres et possède chacune un pont spécial de promenade.

Le pont-promenade supérieur offre une longueur de 75 mètres et une largeur de 6 mètres, libre de tout obstacle, entre le roof et la gouttière. Les embarcations ont été reportées au-dessus, sur un pont léger servant de tente. Sur ce pont-promenade, outre les chambres du commandant, on remarque un certain nombre de cabines de luxe communiquant avec le reste du navire par des escaliers intérieurs, une descente au fumoir, aux lavabos, etc.

Près de la descente principale, se trouve la bibliothèque dont les panneaux sont en chêne clair doré et sculpté dans le style Renaissance. Elle est éclairée par des fenêtres latérales garnies de vitraux.

L'ameublement en est très complet et très luxueux.

Lorsque l'on pénètre, par l'escalier correspondant, sur le pont supérieur, on trouve d'abord des cabines de luxe munies de baignoires, et, plus loin, vers l'arrière, les lavabos pour hommes, le salon de coiffure et le fumoir de première classe. Ce dernier, très confortable, est garni en cuir repoussé. Si nous retournons maintenant sur nos pas pour descendre sur le pont principal situé immédiatement au-dessus, nous pénétrerons d'abord dans le salon de première classe, qui comme toujours, constitue la salle à manger (fig. 64). Ce salon est remarquable tant par ses dimensions que par les dispositions dont il a été l'objet. L'ornementation en est riche; les panneaux sont incrustés d'ivoire et rehaussés par des dorures très

Fig. 64. — Le grand salon du *Teutonic*.

sobres, le tout agrémenté de sujets mythologiques et marins. L'ensemble est du style Renaissance.

A l'avant du salon, et immédiatement au-dessous de celui-ci, sont les cabines de première dont beaucoup n'ont que deux couchettes non superposées. En outre, on a disposé un certain nombre de cabines plus grandes pour des familles, et de chambres, plus petites au contraire, pour les passagers seuls.

Il a été tenté dans ce paquebot, une amélioration dans l'agencement des cabines de seconde classe. Celles-ci sont complétées par un salon servant de salle à manger, par un fumoir situé au-dessus, par un pont-promenade séparé, par des salles de bains et des lavabos.

Les appareils moteurs forment deux groupes actionnant chacun une hélice; ils sont du type pilon à triple expansion, à trois cylindres. Les dimensions principales de ces machines sont les suivantes :

Diamètre du cylindre HP	1^m,092
— d° — MP.	1^m,724
— d° — BP.	2,^{m}793
Course des pistons	1^m,524
Puissance indiquée collective	2 $\times$ 8500 = 17.000 ch^s.
Diamètre d'un corps de chaudière . . $\Big\{$	3^m,657 / 3^m,927
Longueur d'un corps	5^m,180
Surface de grille totale	108^{mc}16
Pression de régime.	12^k,65

Le diamètre des deux hélices est de 6^m,255, leur pas est de 8^m,686. Elles ne sont pas situées dans le même plan transversal et les projections de leurs circonférences se pénétrent de 1^m,68, c'est dire qu'elles dépassent chacune le plan longitudinal du navire de 0^m,84. L'hélice de babord a le pas à gauche, celle de tribord a le pas à droite. La première, qui se trouve en arrière et agit en partie sur le courant projeté par l'autre hélice fait deux tours de plus à la minute que cette dernière. La coque est entaillée au droit des hélices pour livrer passage aux ailes.

Le Normannia. — Ce paquebot, le dernier sorti des chantiers de Fairfield en Ecosse, appartient à la compagnie transatlantique Hambourgeoise-Américaine. Il est remarquable tout à la fois par ses dimensions et sa vitesse.

Les dimensions de ce navire sont les suivantes :

Longueur extrême.	156 mètres.
Longueur entre perpendiculaires . . .	151^m,50
Largeur extrême.	17^m,53
Creux.	11^m,60
Déplacement	11,500 t.
Tonnage brut	8,500 t.

Le *Normannia* a été construit entièrement en un an, compris la période d'essai, fait des plus remarquables qui peut donner une idée de l'immense outillage des chantiers de Fairfield.

Le navire est à quille plate; l'étrave est légèrement inclinée sur la verticale et l'arrière est elliptique. L'avant est consolidé par un double bordé pour le protéger du choc des glaces flottantes. On put, le 27 juin 1890, au cours du premier voyage de ce steamer se rendre compte de l'utilité d'une semblable disposition. Dans cette journée, le *Normannia* rencontra un énorme iceberg qui dépassait de 30 mètres la pomme des mâts et dont les plans étaient à peu près verticaux. Grâce à ses deux hélices que l'on fit tourner l'une en avant, l'autre en arrière, le bâtiment put rapidement virer de bord; ce qui ne l'empêcha pas d'écorner l'iceberg et de recevoir une vingtaine de tonnes de glace brisée sur le pont. Entre $46°,29$ et $45°,20$ de latitude et $42°,22$ et $48°$ de longitude on aperçut, pendant ce voyage, vingt-trois icebergs.

L'étambot est en acier fondu; toute la coque est en acier. Il y a dix-sept cloisons étanches dont une longitudinale qui divise en deux les chambres des machines et plusieurs qui forment des soutes à charbons.

Le fond de ce navire est construit suivant le système cellulaire et présente une double enveloppe, le bordé intérieur se trouvant à $1^m,20$ environ du fond extrême, excepté par le travers des machines où cette distance s'élève à plus de 2 mètres. Les petits compartiments déterminés par ce double fond servent de water ballast. Il y a quatre ponts complets et un pont-promenade : les deux ponts supérieurs sont bordés en teak, les autres en pin du nord. Le premier de ces ponts qui s'étend sur une longueur de 120 mètres environ présente un espace libre de tout obstacle qui peut fournir aux voyageurs une vaste promenade. Au dessus de ce pont-promenade sont placés treize bateaux de sauvetage et un canot. Ce navire peut recevoir 420 voyageurs de première classe, 172 de seconde classe et 700 émigrants, en tout 1,292. Les aménagements des premières classes sont à l'avant; les chambres de dames et le salon de conversation se trouvent sur le pont-promenade, sur lequel aboutit une large claire-voie qui éclaire le grand salon placé au dessous. La décoration de toutes ces chambres est très luxueuse, bien que d'un goût un peu germanique. Dans les paquebots français ou anglais les couleurs sont plus douces, les décorations moins accusées, les dorures moins abondantes. On ne saurait cependant que louer un certain nombre de peintures que l'on y rencontre, et qui, œuvres d'artistes éminents, représentent surtout des sujets allégoriques. Le grand salon a environ 22 mètres de longueur, et, si on lui adjoint un autre salon placé au dessous, il peut permettre à 380 personnes de prendre leurs repas en même temps.

Le fumoir de première classe est sur le pont-promenade immédiatement en arrière des cheminées. Il mesure un peu plus de 13 mètres de longueur et est garni en cuir brunâtre. Les murs et les cloisons sont en chêne sculpté.

Le salon de seconde classe est sur le pont supérieur en
arrière des machines. Il peut recevoir 120 personnes.
Comme tout le reste, les aménagements de seconde
classe, le fumoir et les chambres des dames sont en arrière des machines.

Le *Normannia* est entièrement éclairé à la lumière
électrique, au moyen de lampes de 100 volts et de 300
ampères chacune. Ces lampes sont au nombre de 1,100 et
possèdent chacune une puissance de 25 bougies. Chacune
des dynamos est directement accouplée à une machine
à vapeur de 50 chevaux tournant à 300 tours.

L'appareil à gouverner à vapeur est placé à l'arrière et
les drosses sont directement fixées à la barre; la commande de cet appareil peut s'effectuer soit de la passerelle
à l'avant (à une distance de 121 mètres), soit de la
dunette.

Les ancres sont du système Hall qui dispense de bossoirs et autres engins usuellement employés pour mettre
l'ancre à poste.

Les machines, à deux hélices indépendantes, sont à triple expansion et à trois cylindres. Elles sont alimentées
de vapeur par six grandes chaudières à retour de
flamme comprenant en tout 36 foyers. Les chaudières
sont placées par groupe de deux, longitudinalement.

Chacun des trois groupes, qui comprend une cheminée distincte, se trouve dans un compartiment séparé des autres par des soutes à charbon transversales.

Ce steamer est destiné au service transatlantique entre Hambourg et New-York. Il fait le plus grand honneur à ses constructeurs.

Les nouveaux paquebots de la Compagnie générale transatlantique. — Ces paquebots sont dignes de lutter avec les meilleurs transatlantiques anglais qui effectuent la même traversée de New-York, la ligne du monde où s'est le plus exercée la concurrence entre les compagnies rivales si nombreuses et si puissantes. Ils ont été exécutés en 1885-1886, pour assurer le service du Havre à New-York, suivant les prescriptions du nouveau cahier des charges imposé à la Compagnie par suite du renouvellement de la concession du service postal qu'elle a obtenu par adjudication publique.

Deux de ces paquebots, la *Champagne* et la *Bretagne*, ont été construits dans les chantiers de la Compagnie Transatlantique, à Saint-Nazaire. Les deux autres, la *Bourgogne* et la *Gascogne*, ont été exécutés à la Seyne par la Société des Forges et Chantiers de la Méditerranée. Comme ils sont en tout semblables, sauf dans quelques détails secondaires, nous rapporterons notre description à la *Gascogne* dont nous donnons le dessin plus loin.

Voici les dimensions principales de ce bâtiment :

<pre>
Largeur entre perpendiculaires . . .   150 mètres.
Largeur au fort. 15ᵐ,79
Creux sur quille. 11ᵐ,70
Tonnage brut. . . . .   6.800 tonnes.
Déplacement . . . .   9.930 tonnes.
Tirant d'eau moyen en charge . . .   7ᵐ,30
</pre>

Ces navires sont à avant droit, avec quatre ponts complets, et un pont-promenade muni de passerelles volantes, lesquelles relient la partie supérieure du gaillard d'avant à celle des différents roofs et de la dunette.

La coque est entièrement construite en acier doux.

Les paquebots du type *Gascogne* sont munis d'une quille saillante dont la hauteur atteint 0ᵐ,30. L'étambot, qui constitue la charpente servant de support au gouvernail et à la partie supérieure de l'arbre d'hélice, pèse à lui seul 23 tonnes; il est forgé d'une seule pièce.

On n'a négligé aucune des consolidations qui puissent assurer à ces navires une solidité et une rigidité telles, qu'ils n'éprouvent aucune déformation par les plus grosses mers. Le bordé est à clins et se compose de *virures* en acier, dont l'épaisseur moyenne est de 20 millimètres.

Outre la quille, le bordé et les ponts, les consolidations longitudinales sont assurées par une série de robustes carlingues, composées de tôles et de cornières rivées et dont l'une, placée dans l'axe, a 1^m,40 de hauteur.

Tous les ponts sont bordés en tôles d'acier, sauf le pont-promenade et le pont des émigrants. La tôle est recouverte d'un bordé en bois de teak ou de pitchpine.

Il existe à bord onze cloisons étanches dont huit montent jusqu'au pont supérieur et qui sont munies, suivant l'usage, de portes et de vannes étanches. On sait que le but de ces cloisons est de partager la coque en compartiments étanches, afin de localiser les voies d'eau qui pourraient se produire dans le bordé et entraîner la perte du bâtiment.

Dans les doubles fonds de ces paquebots, sont ménagés des water-ballasts divisés en plusieurs compartiments, pouvant contenir ensemble 800 mètres cubes d'eau.

A l'avant se trouve un autre water-ballast que l'on doit remplir au départ du Havre, en même temps que celui de l'arrière est vidé. On diminue ainsi la différence du tirant d'eau, ce qui facilite la sortie du port. A la mer, on se livre à l'opération inverse, afin de remettre le bâtiment dans ses lignes.

Le gréement est celui d'une goëlette à quatre mâts,

avec des voiles carrées et des vergues aux deux mâts de l'avant seulement. Ces mâts sont en tôle d'acier; ils sont à *pible*, c'est-à-dire d'un seul jet de l'emplanture à la pomme. La surface totale de voilure atteint 1,888 mètres carrés; pourtant, en cas d'avarie paralysant la machine, elle serait insuffisante, tant est grande la masse de ces paquebots, à leur donner, même par une belle brise, une vitesse de quelques nœuds. Tout au plus permettrait-elle de gouverner l'immense navire désemparé.

La manœuvre des ancres, qui n'est pas une opération commode à bord de tels bâtiments, est effectuée à l'aide d'une grue placée sur le gaillard d'avant, et desservie par un *guindeau* et un cabestan à vapeur. Les ancres, d'un système perfectionné, pèsent chacune 3,600 kilogrammes. C'est un spectacle imposant que d'assister, du haut du gaillard, à l'opération du mouillage de pareilles ancres. Sur un signe du commandant, l'énorme bloc de fer, dont on coupe les attaches, tombe à la mer au milieu d'un immense bouillonnement, et la chaîne, avec un bruit effroyable se déroule en projetant des étincelles à travers l'écubier.

La manœuvre du gouvernail est effectué à la vapeur au moyen d'un *servo-moteur*. Grâce à ces engins, un simple matelot, un mousse même, gouverne, sans aucune fatigue, et par tous les temps, à l'aide d'une petite roue placée sur la passerelle, cette immense coque animée d'une vitesse de plus de huit lieues à l'heure. En cas d'avaries à l'appareil à vapeur, on peut gouverner, à l'aide de quatre roues à bras abritées sous la dunette, ou bien à l'aide d'un treuil à vapeur agissant, au moyen de chaines, sur une sorte de grande roue métallique clavetée sur l'axe du gouvernail.

Ces paquebots peuvent prendre 226 passagers de première classe, 74 de deuxième classe et 900 de troisième classe.

Si l'on parcourt le pont supérieur de la *Gascogne*, de l'avant à l'arrière, on remarquera, outre le gaillard et la dunette, trois roofs séparés. Le premier contient les logements et le carré des officiers du bord. Le second, beaucoup plus vaste et qui occupe la plus grande longueur du navire, renferme le fumoir de première classe, le salon de conversation, la descente des premières, les bureaux du docteur et du commissaire, les boulangeries, les salles de lavage des chauffeurs, les cuisines, les chambres de mécaniciens, la partie supérieure des machines, les puits d'aérage, etc. Dans le roof arrière se trouvent la descente et le fumoir de deuxième classe, la boucherie, le garde-manger et la lampisterie.

La dunette abrite les appareils à gouverner à bras et à vapeur. Sous le gaillard d'avant on remarque une forge, une lampisterie, le logement des cuisiniers, boulangers et cambusiers, un hôpital pour l'équipage et le guindeau à vapeur qui sert à relever l'ancre.

Les passagers de première et de seconde classe sont logés dans l'entrepont supérieur, les premiers à l'avant et au milieu, les seconds à l'arrière. Il s'y trouve aussi quelques cabines de luxe, des lavabos, et, tout à fait à l'avant, un hôpital d'émigrants, quelques chambres pour les commissaires et les maîtres, enfin le poste de l'équipage.

Le salon de première classe, qui sert de salle à manger, a 14 mètres de longueur sur 14^m,40 de largeur au centre; il renferme treize tables où 142 personnes assises peuvent trouver place. Il est décoré avec un luxe et un goût parfaits. On y remarque une vaste cheminée en marbre garnie d'une pendule et de candélabres en bronze d'art. Le salon est amplement pourvu de glaces, de portières et de rideaux aux hublots. Les canapés, placés en abord, sont à ressorts et capitonnés, avec dossiers courbes; ils sont accompagnés d'un grand nombre de fauteuils tournants.

Tout l'ameublement et les tentures sont au chiffre de

la Compagnie. Le chauffage est effectué à la vapeur, comme pour le reste des aménagements.

La descente des passagers de première classe est en bois naturel verni, de plusieurs essences. Au pied de l'escalier, et de chaque côté des portes du salon, se trouvent des cariatides en bronze supportant les lampes, entre lesquelles sont placées une jardinière et une balus-

Fig. 65. — La *Gascogne*.

trade à gradins pour mettre des fleurs. Les marches sont garnies en caoutchouc strié.

Les cloisons du fumoir sont revêtues de marbre. Les portes et meubles de cette pièce sont en noyer d'Amérique ou en teak massif.

Au milieu du salon de conversation se trouve une grande ouverture, entourée de balustrades, qui sert à donner de l'air et de la lumière au salon principal situé au-dessous. Le petit salon, éclairé à sa partie supérieure par une vaste claire-voie, contient des canapés, des jardinières, un piano et des glaces.

Les passagers de chambres sont logés dans des cabines où ils ne séjournent guère que pendant les heures de sommeil. L'ameublement en est simple, mais confortable; contre une des cloisons, deux couchettes superposées, garnies de sommiers-élastiques; sur une des autres faces, un canapé qui peut, en cas d'encombrement, être transformé en lit; contre une des parois, un lavabo à deux cuvettes surmonté d'une psyché. Au dessus de chaque canapé, on a disposé des patères et un filet analogue à ceux que l'on rencontre dans des wagons de chemins de fer et où on dispose de menus bagages et des objets d'un service journalier. Les couchettes peuvent être masquées par des rideaux qui courent le long de tringles. Celles d'entre les cabines qui se trouvent en abord sont éclairées par un hublot que l'on ouvre s'il fait beau temps; la nuit, elles sont éclairées par une forte lampe à incandescence suspendue au milieu du plafond. Au moyen de boutons placés à la tête des lits, on peut, à toute heure de la nuit, allumer ou éteindre cette lampe. Des sonnettes électriques permettent aux passagers de se mettre en communication avec le personnel de service.

Les chambres sont réunies par groupes généralement de quatre, isolées par les coursives qui leur servent d'accès et facilitent les communications avec les autres parties du navire.

Les émigrants sont relégués dans le second entrepont qu'ils occupent en entier, sauf à l'extrême avant où l'on a logé la grande cambuse et le poste de l'équipage.

Les aménagements sont complétés par diverses installations qu'il serait trop long de décrire ici et telles que : cuisines, offices, boulangerie, buanderie, lingerie, salles de bains, waterclosets, etc.

Les machines, qui ont développé environ 9,000 chevaux, sont du type pilon, à triple expansion, à six cylindres actionnant une seule hélice. Cet appareil moteur présente des dimensions considérables; pour en donner une idée, il nous suffira de dire qu'il mesure environ douze mètres de hauteur du plateau du petit cylindre au parquet inférieur.

Dans la chambre des machines on trouve un grand nombre d'appareils auxiliaires à vapeur tels que : pompes de circulation, pompes de water-ballast, petits chevaux alimentaires, pompes de calle, changement de marche à vapeur, moteurs pour dynamos.

La Compagnie Transatlantique vient de faire, avec

la *Touraine* une addition plus brillante encore à sa flotte. Ce paquebot mesure 157^m,65 de longueur sur 17^m,05 de largeur. Le déplacement est de 11,643 tonnes. La puissance prévue de la machine est de 12,500 chevaux correspondant à une vitesse de 19^{nds},1/2, ce qui permet d'atteindre, par beau temps, 18^{nds},1/2, en service et d'accomplir en 7 jours la traversée de New-York au Havre.

La *Touraine* peut prendre 1,046 passagers dont 392 de première classe et 114 de seconde classe; par contre, le nombre des passagers de troisième classe est moindre que dans les paquebots du type *Champagne* : 560 au lieu de 900. Le salon de conversation et la salle à manger sont reportés au milieu, entre les deux cheminées.

CHAPITRE III

Ceux de nos lecteurs qui ont été en Angleterre ou qui ont fréquenté les ports de Calais, de Boulogne ou de Dieppe connaissent, au moins de vue, ces élégants et rapides bateaux à aubes qui effectuent journellement la traversée de la Manche. Ces bâtiments appartiennent à une classe spéciale de paquebots que l'on ne peut trouver que là, ou bien dans la mer d'Irlande, entre Holyhead et Queenstown et sur les côtes d'Écosse. Paquebots à très grande vitesse, disposés pour recevoir pendant une courte traversée un grand nombre de passagers, ces navires sont aménagés d'une manière spéciale bien appropriée à leur destination, mais qui ne saurait suffire pour de longs parcours.

Destinés à un service analogue, tous ces paquebots se ressemblent soit par l'aspect extérieur, soit par la disposition de leurs aménagements. Ils sont élégants comme des yachts, très fins et souvent très rapides. On en a construit récemment sur la Clyde qui ont filé plus de 21 nœuds.

La machine est placée au milieu, ce qui est nécessaire lorsque le propulseur est à aubes. Les chaudières sont mi-partie en avant, mi-partie en arrière de l'appareil moteur et chacun de ces deux groupes possède sa cheminée. Ces cheminées grosses et courtes, très inclinées sur l'arrière, peintes en blanc comme les tambours des roues, contribuent à donner à ces bâtiments un aspect de légèreté et de vitesse qui frappe au premier coup d'œil.

Mais me demanderez-vous, pourquoi ces steamers sont-ils à aubes et non à hélice puisqu'il est prouvé aujourd'hui que le second de ces propulseurs possède certains avantages bien définis, que nous avons énumérés plus haut. La raison en est simple. D'abord pour ces bâtiments ne faisant que de très courtes traversées, l'hélice ne possède pas autant d'avantages que pour les paquebots aux destinations lointaines; ensuite, la grande vitesse dont ces paquebots sont doués ne saurait être obtenue que grâce à des hélices de trop grand diamètre pour que l'on puisse les installer sur un navire qui doit avoir un faible tirant d'eau afin d'entrer à mi-marée dans les ports qu'ils sont destinés à relier, lesquels ne sont pas toujours en eau profonde. Cette raison, d'un ordre technique, est prédominante, mais il faut y ajouter l'influence de l'habitude et de la mode. Depuis tantôt cinquante ans, les steamers qui relient entre eux les ports de la Manche, français et anglais, sont à aubes et, la mode aidant, cet état de choses durera sans doute longtemps encore à défaut des raisons plus sérieuses que nous avons citées.

Voici quelle est à peu près la disposition d'ensemble d'un paquebot de cette catégorie. Il n'y a qu'un seul pont, régnant sur toute la longueur et déterminant, avec les cloisons étanches, six compartiments dans la coque. Les deux compartiments extrêmes ne servent que de magasin pour le bord; ils sont de faible capacité et leur but est surtout d'isoler le reste du navire en cas de collision. Le compartiment arrière contient le salon des premières, chambre commune garnie de deux rangées de couchettes. Au milieu de ce salon se trouve une longue table bordée de sièges qui sert aux repas. Vers l'avant de ce salon se trouve la chambre des dames d'un bord et l'office de l'autre. On accède dans cette partie par un escalier plus ou moins monumental qui aboutit sur le pont dans un roof servant de fumoir et contenant, en outre, un certain nombre de cabines privées et les chambres des officiers du bord.

A l'avant des machines, se trouve un autre salon, à peu près semblable, moins grand et plus simple toutefois, qui reçoit les voyageurs de seconde classe.

A l'extrême avant enfin se trouve le poste de l'équipage.

Entre les roues, au-dessus des machines, on construit ordinairement une large passerelle qui sert de promenade aux passagers de première classe et qui, à l'avant, se termine par une passerelle où se tient l'officier de quart. La manœuvre de l'appareil à gouverner à vapeur est contenue dans une petite cabine située sur cette passerelle.

Un certain nombre de ces navires comprend deux cloisons étanches de plus et possèdent deux cales de chargement, une à l'arrière et l'autre à l'avant.

Les mâts sont toujours au nombre de deux et ne portent aucune vergue; tout au plus peuvent-ils gréer deux voiles goëlettes et deux focs pour appuyer le navire quand le temps est mauvais. Ces mâts servent surtout pour le coup d'œil, indépendamment de leur rôle de porte-signaux.

Les machines de ces steamers sont généralement à cylindres oscillants; dans les paquebots puissants, elles atteignent, en raison de leur faible vitesse de rotation, des proportions grandioses. Pour ne citer qu'un exemple, dans les machines de l'*Ireland*, qui ont développé 6,400 chevaux, les cylindres ont un diamètre de $2^m,75$ et pèsent 32 tonnes sans leurs couvercles (le poids d'une locomotive). L'arbre moteur, dont le diamètre est de 175 centimètres pèse 47,000 kilogrammes et chacune des roues 55,000 kilogrammes. La pression due à la vapeur sur chacun des pistons est de 175,000 kilogammes.

C'est un spectacle imposant que d'assister au fonctionnement d'une semblable machine, de regarder osciller ces gigantesques cylindres et d'apercevoir, dans un éclair, les manivelles monstrueuses et les énormes têtes des tiges de piston accomplissant majestueusement leurs révolutions.

Ces steamers sont de vaillants navires que n'arrêtent pas les tempêtes les plus violentes : ils font le service des malles qui ne souffre d'arrêt, on le sait, que dans des circonstances extraordinaires. Fins et légers, ils labourent bravement la mer et se frayent un chemin périlleux à travers les lames les plus grosses. Nous en avons vu maintes fois qui étaient couverts d'embruns et dont les cheminées seules restaient visibles pendant quelques instants.

Beaucoup d'entre eux sont munis à l'avant d'un dos

de tortue en acier, quelque peu arrondi, qui les protège des coups de mer et les aide à trancher les lames.

Les grandes rivières américaines sont sillonnées par
des steamers à aubes de construction particulière, aménagés avec le plus grand luxe et qui, sorte d'hôtels am-
bulants, font concurrence aux Compagnies de chemin de
fer pour le transport des voyageurs.

Ces bâtiments portent plusieurs étages de roofs com-
portant des cabines et des salons, le tout analogue à
ceux des paquebots de mer, mais construit dans un style
spécial.

Une des particularités des steamers américains, c'est
leur machine verticale dont le balancier dépasse souvent
la toiture du roof le plus élevé. Ces machines, qui développent jusqu'à 6,000 chevaux, à cylindre unique, sont
colossales, le piston a souvent une course de 4 mètres.

Un des navires les plus récents de cette catégorie, le
Puritan, construit à New-York en 1889, mesure 126 mètres de longueur. Il contient 364 cabines de première
classe et sa machine est de la force de 7,500 chevaux.
Les roues à aubes mesurent 10^m,50 de diamètre. Rien ne
surpasse le luxe avec lequel sont installées les chambres,
les salons et les escaliers de ce stteamer, entièrement
éclairé à la lumière électrique.

CHAPITRE IV

La marine de plaisance, tant à voile qu'à vapeur, a fait
de tels progrès, elle est si bien entrée dans nos mœurs
qu'elle a sa place marquée dans tout ouvrage écrit sur la
marine. On ne saurait d'ailleurs sans satisfaction voir
se répandre un sport si sain, si intelligent et si viril qui
restera malheureusement hors de la portée des petites
bourses.

Le *Yachting*, puisque tel est le nom de ce sport,
n'est pas d'origine récente; depuis bien des années, il
se trouve un certain nombre d'amateurs, possédant de
petits bateaux de plaisance; mais, ce qui est nouveau,
en France du moins, c'est le développement remarquable
qu'il a subi depuis une quinzaine d'années.

Nous ne voulons pas nous occuper ici des petites embarcations sans prétention que l'on trouve dans tous les
ports et qui permettent à leur propriétaire de faire en
mer de courtes promenades. Notre intention est de ne

parler que des bateaux de mer qui peuvent véritablement
rentrer dans la catégorie des *Yachts*. Il y a entre eux et
les premiers la même différence qu'entre une voiture
de maître, élégante et correcte, et une charrette de pay-
san. Ce sont les Anglais, il faut l'avouer sans être taxé de
parti pris, qui nous ont appris à mettre du luxe et de
l'élégance dans ces choses. Nous leur avons emprunté les
formes fines, les mâtures robustes, les ponts aux virures
soignées et blanchies, les voiles fines, les aménagements
luxueux et les pièces d'armement coquettes. D'ailleurs,
c'est encore le plus souvent en Angleterre, la patrie de
ce sport, que nos yachtmen achètent leurs bateaux.

On construit des yachts à voile depuis 3 tonneaux et
au-dessus. Jusqu'à 30 ou 40 tonneaux, ils sont généralement gréés en *Côtre* ou en *Yawl* (1), au-dessus, en goélette latine (fig. 66.) Ces bateaux se partagent en deux
catégories principales, les *yachts de course* et les *cruisers*.
Les premiers, disposés uniquement en vue de la vitesse,
sont peu habitables, on les voit surtout aux régates. Les
seconds sont construits en vue de voyages plus ou
moins lointains et présentent tout le confort désirable;
ils ne le cèdent qu'en vitesse aux précédents.

(1) Le *yawl* est un côtre muni, à l'arrière du gouvernail, d'un petit
mât auxiliaire, appelé « tapecul », qui grée une brigantine.

Le yacht de course moderne, construit suivant les principes anglais, est un bâtiment en bois, quelquefois en
acier, très fin, très étroit, très profond. Il porte une haute

Fig. 66. — Un yacht-goëlette. D'après le *Yacht* (1884).

mâture et sa quille, très profonde, est munie d'un lest en
plomb très lourd et très coûteux qui donne une stabilité
phénoménale et permet de porter une voilure énorme.
Seulement ces bateaux, si rapides qu'ils soient, malgré
la sécurité qu'ils présentent, étant inchavirables et à peu
près insubmersibles, sont très durs à la mer en raison
de leur stabilité exagérée.

Ces yachts sont surtout admirables au plus près et

remontent presque dans le « lit du vent ». Quand ils vont grand largue ou vent arrière par petite brise, ils peuvent gréer des voiles supplémentaires, *spinnakers* ou *focs ballons* qui, de loin, leur donnent l'aspect d'un immense oiseau aux ailes blanches.

Les yachts américains à voiles, comme beaucoup de ceux que l'on peut trouver dans nos eaux, sont construits suivant des données différentes. Leur stabilité, au lieu d'être empruntée à un lest volumineux, provient de leur grande largeur et de leur faible creux. Très légers, ces bateaux vont bien vent arrière et dans les régates où il faut fréquemment virer de bord, mais ils ne valent pas les premiers pour aller au *plus près*, malgré le dériveur dont ils sont munis ou, pour toutes les allures, par grosse mer. D'ailleurs, leur creux insuffisant les rend inhabitables à moins qu'ils ne soient de grandes dimensions. Ils ont en tout cas l'avantage de coûter beaucoup moins cher que les yachts anglais.

Si le yacht à voile exige de son propriétaire une certaine fortune à moins de sacrifices particuliers, que dirons-nous des yachts à vapeur? Ces derniers, à moins qu'il ne s'agisse de petits bâtiments, deviennent un luxe comparable à celui d'une écurie de courses. Tout le monde ne peut s'offrir un bateau qui coûte 500,000 francs et dont l'entretien annuel dépasse 80,000 francs; il est vrai que nous parlons là d'un très grand yacht et que l'on peut s'offrir ce luxe à meilleur compte.

Toujours à hélice, les yachts à vapeur portent une mâture de goëlette latine, c'est exceptionnellement que l'on en rencontre qui sont gréés en trois-mâts.

Voici, en quelques mots, la disposition générale des aménagements d'un steam-yacht de 6 à 700 tonneaux. La partie centrale est occupée par l'appareil moteur qui, pour donner à un tel bâtiment une vitesse de 14 nœuds doit pouvoir développer environ 800 chevaux. Toute la partie placée à l'avant des machines est réservée au logement de l'équipage et des officiers. A l'arrière, on trouve le grand salon et les cabines, au nombre de quatre à six, occupées par le propriétaire et ses amis. Générale-ment, un grand roof, qui englobe la partie supérieure des machines et la base de la cheminée se prolonge vers l'arrière et renferme un salon-salle à manger, une cui-sine et une office.

Pour donner à un tel bateau l'aspect *yacht*, on doit s'attacher à choisir avec soin les essences de bois qui composent les roofs, clairevoies, pont, etc., à peindre avec le plus grand soin toutes les parties métalliques et à faire en bronze poli toutes les principales pièces d'armement.

Ainsi, le pont doit être en white-pine, disposé suivant des virures très étroites; ce bois est d'une blancheur remarquable surtout s'il est fréquemment briqué. Les roofs et clairevoies seront en teak, ainsi que la lisse de pavois. Les aménagements intérieurs seront en acajou, érable, ébène et noyer.

Pour les superstructures, la couleur qui convient le mieux est le faux bois ou tout au moins le brun. La coque devra être peinte en noir au-dessus de la flottaison et le liston devra être souligné par un large filet d'or. La cheminée est invariablement peinte en jaune clair. Toute infraction à ces règles serait une faute, sinon de goût, du moins de mode. La correction, pour un yacht comme pour un équipage, consiste dans l'observation de certaines règles qui sont autant une affaire de sentiment que d'habitude.

Il existe aussi des yachts mixtes, munis d'une voilure puissante et d'une machine auxiliaire que l'on allume seulement par temps calme ou lorsque le vent est contraire. Ces bateaux possèdent les avantages inhérents aux deux systèmes : la machine, assez faible, occupe peu d'espace à bord et ne prend pas à elle seule la plus belle place du navire comme dans les yachts puissamment machinés. Si le propriétaire est amateur de la voile, il peut naviguer sans l'aide de sa machine tant que le vent adonne et, en cas de calme, la vapeur lui évitera bien des pertes de temps. Pour les amateurs désireux de posséder un bateau très marin avec lequel ils voudront, sans frais exagérés, entreprendre de longs voyages, c'est là le vrai yacht.

TABLE DES MATIÈRES.

TYPOGRAPHIE FIRMIN-DIDOT ET Cie. — MESNIL (EURE).